大学体育人文教育理论及发展研究

陈欣 著

吉林人民出版社

图书在版编目（CIP）数据

大学体育人文教育理论及发展研究 / 陈欣著. -- 长春：吉林人民出版社, 2019.11
ISBN 978-7-206-16892-5

Ⅰ. ①大… Ⅱ. ①陈… Ⅲ. ①体育教学—教学研究—高等学校 Ⅳ. ①G807.4

中国版本图书馆CIP数据核字(2020)第013006号

责任编辑：田子佳
装帧设计：百悦兰棠

大学体育人文教育理论及发展研究
DAXUE TIYU RENWEN JIAOYU LILUN JI FAZHAN YANJIU

著　　者：陈　欣
出版发行：吉林人民出版社（长春市人民大街7548号 邮政编码：130022）
咨询电话：0431-85378007
印　　刷：朗翔印刷（天津）有限公司
开　　本：787mm × 1092mm　　1/16
印　　张：8　　字　　数：100千字
标准书号：ISBN 978-7-206-16892-5
版　　次：2020年1月第1版　　印　　次：2022年8月第2次印刷
定　　价：40.00元

目 录 | Contents

第一章　大学体育

第一节　体育概述

一、体育的含义

在人们的劳作生活中，体育活动在人类发展历史上无处不在，但是在早期体育的确切概念却始终没有规范统一。在文明发展的进程中，春秋时期的百家争鸣和古希腊的哲学家们，都有很多关于“体育”的言论和观点，但是却并没有一个统一的规范。中国封建时期，和体育相关的活动包括养生、武术、游泳、角力、射箭、投壶游戏等；西方竞技中体操、训练、剑术等都是属于基本术语。在西方文献中，体操一度代表了体育，并应用广泛。

体育的历史十分悠久，但“体育”一词出现的时间却比较晚，在“体育”一词未被提出时，世界各地对体育有很多种称呼，并没有统一的名称。比如说，古希腊的早期体育包括游戏、角力、体操等项目，但这些被归为教育一类；还比如说，在 1793 年，德国的古兹姆斯出版了《青年的体操》一书，将类似的活动分类统称为“体操”。甚至在很长的一段时间内，体操都是体育的代名词，运用十分混乱，没有统一。

19 世纪以后，“体育”一词逐渐开始出现在人们的视线中，在相关著作和报道中被使用传播，比如说，1838年出版的由法国体育学家阿摩罗什撰写的《体育概论·体操与道德》，1867年，英国体育学家麦克莱尔的《体育的体系》被成功出版，体育一词逐渐被更多的人知晓，使用频率也越来越高。

和“体育”一词相关的最早的报道出现在1902年，《杭州白话报》以连载的形式刊登了日本学者西川郑宪的《国民体育学》，《国民体育学》的连载不仅帮助了国人更加了解体育的历史，也推动了体育的传播和发展。紧接着，1903年，在上海发行的《正义通报》报道了两篇和体育相关的文章，分别是《无锡体育会简章》和《无锡体育会共和宪章》。这两篇报道是研究学者发现的在中国出版物上国人对“体育”一词的最早使用记录。1906年，中国的最早的体育团体——沪西士商体育会，被成功创办。之后，在传播和发展的过程中，“体育”一词被广为人知，出现和被使用的频率也越来越高。

在国外的体育研究中，学者们对体育的定义主要分为以下三种。

其一，体育是促进人体健康发育的教育。主要代表观点是瑞典的体育学者纳西提出的：体育通过一定的活动，使身体器官的适应能力、神经肌肉的支配能力和情绪的控制能力得到发展。

其二，体育是促进人全面发展的教育。代表人物是美国的布莱尔和日本的学者阿布忍。布莱尔认为，体育是以身体活动为媒介，在于培养身体、精神、情操等方面与社会相适应的公民；阿布忍也持这种观点，他认为：体育是以身体活动为媒介，并同时以培养健康的身体和良好的社会性格为目标的一种教育。

其三，体育是开发人类运动潜能的活动与制度的总称。在《体育百科全书》中，体育被定义为是教育的一个方面，是体能全面发展，是人的主要运动技能和本领形成提高的有计划的过程。

在中国古代，尽管体育没有统一的归纳和概念，但是体育始终保持着重要的地位，从六艺中体育就占了两艺（射箭和驾车）上就可以看出人们对体育的重视程度。随着历史的发展和体育文化的不断传播，体育从传入我国到逐渐发展到与教育息息相关，体育已经成为人们生活学习中不可缺少的一部分。对于体育概念的界定，我国学者也有着不同的观点，综合起来，可以概括分为广义的体育概念和狭义的体育概念。

广义的体育是指社会文化活动，也可以称为体育活动，是以身体练习为基本手段，以增强体质，促进人的全面发展，丰富社会文化生活和促进精神文明建设为目的的一种有意识、有组织的社会活动。它是社会总文化的一部分，其发展受一定社会的政治和经济的制约，也为一定社会的政治和经济服务。体育文化的一个组成部分，是根据人生理、心理发展规律，以专门性的身体活动为基本手段，增强体质，发展人体运动能力，提高人们生活质量的一种有目的、有价值的社会活动。

狭义的体育是指身体教育，即通过身体活动，增强体质，传授锻炼身体的知识、技能、技术，培养道德和意志品质的有目的有计划的教育过程。是教育的一部分，也是培养人全面发展的重要学科。

综上所述，可以将体育的定义概括为：体育是以人的有规则的身体运动为基本表现形式，把对人自身的改造作为基本任务，把参与者的“自身自然”作为作用对象的一种时间性的社会实践活动。其本质是人类的自我创造。其目的是提高人们的生活质量和身体素质，增强个人体质和运动能力，促进人的全面发展。

二、体育的功能

在人类的文明史上，体育始终占有重要的地位。从古至今，人们对体育的重视从未忽视，这是因为体育不仅仅可以帮助人们强身健体，还具有很多不可忽视的功能，在各领域发挥着举足轻重的作用。

1. 体育的健身功能

健身是体育活动最本质的功能。体育活动最直观的表现成果就是增强人的体质、提高人的身体素质、塑造人健全的体格。由于人是体育活动最主要的参与者，因此，通过体育活动的过程和运动强度，能够反映给人体器官一定的刺激，进而促进人的生理机能和身体状态，达到健康和增强体质的目的。

体育的健身功能带给人们的好处体现在以下几个方面：

（1）改善和提高神经中枢，增强反应速度，提高工作效率

脑是人体一切行为的处理和指挥中心，是人重要的器官，但脑所占人体的重量不足 2%，却需要与所占体积不相符的氧气含量。人脑所需氧气需要心脏总量的 20% 来供应，是肌肉工作所需氧气的 15 ~ 20 倍。脑在长时间的工作中，由于氧气不足，会造成血液循环变慢，大脑供血不足，新陈代谢降低，逐渐将疲惫感反馈给人体，使人产生思维迟缓，反应迟钝，头昏脑涨的状态。

进行体育运动的好处之一便是可以帮助改善大脑的供氧、供血状况，提高注意力，刺激神经中枢，增强反应性和灵活性，提高工作效率，增强综合能力。

（2）增强免疫力，预防疾病

体育的健身功能可以帮助人们打造强健的体格，长时间的运动不仅能帮

助人们提高免疫力，有效抵抗病毒的侵害，促进血液循环，还可以改善睡眠，促进消化，加快新陈代谢。

研究表明，人们每天在运动上花费 30 ~ 40 分钟，就会增加自身的免疫细胞，进而提高自身的抵抗力和免疫力。但每天的运动量要适当，不要过量也不要过少。运动量过量，会抑制免疫细胞的生成，造成个人免疫力低下，这时病毒很容易侵入体内，尤其是上呼吸道最容易感染病毒。运动量太少，达不到强身健体的效果，促进不了免疫功能的调节。

专家认为，每人每天的运动时长最好不要超过 2 小时，同时，运动时要尽量选择适合自己的运动方式，主要选择有氧运动，如健步走等运动量适中的运动方式。

（3）增强人体的生长发育，提高运动能力

在人的一生中，人体发育主要集中在两个时期，第一个发育高峰是在人 5 岁之前，第二个发育期高峰女孩儿一般在 11 ~ 15 岁之间，男孩儿一般在 12 ~ 17 岁之间。其余的时间是生长缓慢期。而体育运动可以促进骨骼的生长，加速生长发育。

有科学家做过与之相关的比较，将年龄、环境基本没有差别的青少年分为经常进行体育运动和从不进行体育运动两组，一年后，实验中经常进行体育运动的青少年明显比从未参加体育运动的青少年发育快，而且发育效果好，骨密度增厚，骨骼抗压抗折的强度也有所增强。此外，数据表明，正常人股骨抗压力只有 300 千克，但运动员的股骨承受力却有 350 千克。

科学的实验和数据都表明，适当的体育锻炼可以帮助发育期的青少年们更好的生长发育，可以帮助人们增强骨骼和肌肉的强度，提高能力储备和运动能力。

（4）调节心理状态，使人恢复活力，充满朝气

体育同人的生理和心理都有着密切的关系，健康的心理可以打造一个健康的身体，不健康的心理会让人患上疾病，影响身体的健康。而体育锻炼可以帮助人增强体质，塑造一个健康的体魄，进而帮助人们维持愉悦的心情，调节心理状态。

人的心理活动其实是脑的活动，而体育运动可以刺激人产生兴奋因子，刺激神经中枢，进而可以帮助人们改善郁闷的心情，调节不健康的情绪和心理。美国一位心理学家曾做过实验，数据表明，学生在运动的过程中可以有效地缓解考试期间的焦虑情绪，帮助学生稳定心绪，缓解焦躁。通过大量的实验数据，可以得知，只要短短的 15 分钟散步，就可以帮助人们缓解焦虑，冷静下来。

（5）促使人体内脏器官构造的改善以及技能的提高

体育运动能使人体内能量消耗增加，代谢产物增多，新陈代谢旺盛，血液循环加速，从而使血液循环系统、呼吸系统、消化系统、排泄系统的技能都得到改善，使主管这些系统工作的心肺等器官提高技能。比如说经常运动能使心脏产生运动性肥大，心肌增强，心壁增厚，心脏容积增大。在机能上，心肌的每搏输出量增加，而心搏频率减少，出现“节省化”现象。肺的功能也会因运动而提高，肺活量增大，呼吸深度加深。

（6）延缓衰老，延年益寿

生老病死是人之常情，死亡是每个人的最终结局，这是不可避免的客观事实，长生不老只是传说，人们无法阻拦死亡的到来，但是人们可以通过体育锻炼，延缓衰老的脚步。

体育锻炼帮助人们增强体质，延缓衰老是有科学依据的。科学研究表明，

人体发展的变化，可以向不同的方向发展，在科学、合理的生活条件下，是可以维持健康，推迟衰老的。在中国传统文化中，流传很多年的太极拳、气功、武术等都能达到强身健体和修养身心的目的。

随着世界人口老龄化的加剧，老龄化问题也随之提上日程，学者们对老龄化的研究也开始了，其中对体育运动和老龄化之间的关系的研究也有很多。原国际运动医学联合会主席普罗科教授多年研究证明：“不锻炼的人，30 岁起身体机能就开始下降，到 55 岁，身体机能只相当于他最健康时的三分之二。而经常锻炼的人到 40 或 50 岁，身体机能还相当稳定，当他 60 岁的时候，心血管系统的功能大约相当于 20 或 30 岁不锻炼的人，这也就是说，经常锻炼的人比不锻炼的人要年轻 20 或 30 岁。”现任国际运动医学联合会主席霍尔曼教授也曾指出：“能每天坚持跑步 10 分钟的人，心脏可以年轻 20 年。”

综上所述，体育的健身功能体现在人们生活的方方面面，对任何年龄段的人们来说都有明显的好处，青年人可以增强体质，健康发育；成年人可以集中注意力，提高精力；老年人可以通过体育运动延缓衰老，延年益寿。当然，体育运动不是万能的，体育健身功能的发挥需要人们在生活中给予其他方面的配合，比如说要在营养、饮食、医药、卫生等方面注意，要健康的生活，才能茁壮的成长，成为社会需要的人才。

2. 体育的教育功能

体育的教育功能也是其早期功能之一，在历史的长河中，体育一直能发展至今的原因之一就是体育的教育功能。

原始社会中，人们不仅需要通过捕猎获取食物，也要时刻防止野兽的入侵。幼儿从长辈那里学会捕猎的技巧和投掷石块，这是古时候人们生活中的必备技能。到现在为止，古人生活中运用的跑、跳、投掷等项目依然在体育中保留着教育的痕迹。在《自然辩证法》一书中，著名的哲学家恩格斯认为："人的思维最本质和最切近的基础，正是人所引起的自然界的变化，而不单独是自然界本身；人的智力是按照人如何学会改变自然界而发展的。"人和动物之间明显的区别就是对自然界的改变，原始社会人们依靠生活经验发明创造了简单的生活工具和劳动器材，这些方面处处体现了体育的教育功能的作用，人们通过口口相传和相互学习，学会体育中的跑、跳、投掷等，掌握生活技能。

（1）体育在学校中的教育作用

体育的教育作用很早就被人提出了，在公元前300年前，古希腊哲学家亚里士多德就发表了体育、德育、智育是互相联系的观点。身体的状况影响智力的发育，因此"德智皆寓于体"这句耳熟能详的教育口号并不是没有依据的。

在中国古代，早在周朝就形成了完备的"六艺"教育制度，其中的二艺（射、御）便是强调在教育上，学生要全面发展，加强体育运动，强身健体。我国伟大的思想家、教育家孔子，不但在教学中十分提倡"六艺"，而且还以身作则，身体力行，不但在骑射、驾车上十分擅长，还经常带领众学子进行体育运动，如游泳、骑射、登山、打猎等体育户外运动。

在科学技术高速发展的现代社会，体育教育仍然是学校教育中的一部分，在任何国家都处于十分重要的地位，对德、智、体全面教育投入极高的精力，努力打造完人教育。尽管各国在文化教育上有些许差异，重视角度也并不相同，但体育在各国的地位始终居于重要位置。在现代教育中，体育的作用不仅仅是促进学生生长发育，增强体质，提高素质，还能帮助学生培养业余爱好，提高生活质量。

（2）体育在社会中的教育作用

体育的教育功能不仅仅体现在学校教育上，还体现在社会教育上。脱离学校以后，社会上竞技体育和社会体育处处都透露着体育的教育功能。竞技体育中最著名的应该是每四年一举办的奥林匹克运动会，这是国际性的竞技运动，其体育教育体现在两方面，一方面是体育运动本身，另一方面是教育的过程。而大型的竞技运动也是为了推动人们对体育的参与，运动员拼搏的精神、不屈不挠的毅力无不是在教育人们，竞技运动可以说是有教育意义的大型体育活动。

在《辞海》中，教育的解释是“社会上一切有教育作用的活动”，那社会体育作为社会活动的一部分，改善人的体质，调整人的心理状态，宣扬奥林匹克精神，在多方面都体现着体育的教育功能。

3. 体育的娱乐功能

体育运动作为人们生活中的一种休闲活动，对人们有调节心情的作用，作为一种消遣和休闲活动，体育运动自然具有娱乐的功能。

不论是自己参加的体育运动还是观赏性的体育表演，对参加的人来说都是一种享受，都可以收获喜悦，其娱乐的功能体现在很多方面，比如说参加户外体育活动，可以提高人们的生活质量，其中爬山、钓鱼这类融入大自然的体育活动，更是能增加人们和自然的互动，让人们享受大自然的风光，感受大自然带给人们的乐趣。

和亲朋好友一起聚会并不仅仅只有聚餐这一种形式，招一帮老友，组一场运动局不也是一种享受吗？沉浸在汗水的挥洒中，团结合作，感受默契；通过比拼，发扬友谊第一比赛第二的精神。这样一种聚会形式不但健康，还能给人们带来快乐。

观赏性的体育表演更是一种视觉享受，花样游泳、艺术体操、花样滑冰等观赏性体育活动可以给人视觉上的愉悦和美的享受。

4. 体育的军事功能

“体育，起源于战争”，这句关于体育的战争起源说，便说明了体育和军事上有着密切的关系。在热兵器被发明之前，体育的一些项目其实便是军事训练的项目，不仅中国古代是这样，西方的骑士训练也是如此。体育的军事功能不是单方面的，而是相互的，体育的发展推动着军事的进步，军事的进步又带动着体育的发展。

中国古代封建社会中，人们没有手机等高科技电子产品，其娱乐项目十分传统自然，蹴鞠、马戏、骑射、投石，这些体育娱乐项目后来也成了军事训练中的重要内容和手段；在西方，古希腊城邦运动会的目的便是从公民中选拔能力更高更强的人参加城邦之间的战争，保持军队的战斗力；马拉松运动的发起者便是一名军人。

如今社会高度发展，军队的训练也变得复杂和多样化，但和体育之间还有着密切的关系，射击、跳伞、滑翔、定向越野等军事训练内容也相继成为体育项目并广为发展。同时，对军人始终有着严格的要求，各种能力都要高于普通人，体育训练中的一些训练方法和理论也随着被引用到军事训练中，比如说“极限训练法”“心理训练法”等。在军事上，体育是重要的辅助手段，军事训练中，体育的军事功能发挥得淋漓尽致，在发展中，体育和军事互相影响，既丰富了内容，也得到了长远的进步。

5. 体育的经济功能

随着社会的不断进步，经济发展迅速，人们的生活质量也在不断地提升，健康意识也越来越强，越来越多的人开始注重身体质量，体育锻炼便是维持健康、减少发病率的选择之一。

像网球、骑马和高尔夫等，这些体育项目在大众眼里被称为“贵族体育”，通俗来讲，便是学好这一门体育项目，在其身上需要投入大量的资金。以网球为例，2008 年李娜获得北京奥运会女子单打第四名，2011 年在法国网球公开赛女单比赛中登顶封后，2014 年被《金融时报》评选为年度女性人物，李娜在网球上的成绩，使得众多的观众和粉丝们购买网球设备，学习效仿，掀起了一股网球热潮，如今甚至成为最受大众欢迎的世界三大体育运动之一。但其实早在网球名将李娜还未家喻户晓的时候，数据显示，2005 年，我国网球的消费就增长了 12.1%，成了体育休闲运动的“朝阳产业”，无论在资源、市场潜力、效益、发展速度和规模等方面都优于其他产业，更不用说之后的网球热潮。单单在国内网球一项就带动了体育消费的经济增长，更不用说早就发展了网球事业的西方国家。单从网球运动一例就可以看出，以职业体育带动的巨大的体育经济效益现象，这是体育经济功能最直接的反映。

除此之外，虽然体育本身不具备生产力，也无法产生经济效益，但随着体育的发展，在另一方面上，体育产业和体育商业经济在当今社会早已占据了市场的一部分，体育器材、服装、体育表演、体育建筑等也都促进了经济的发展。同时，由于体育本身的特性，在给人们带来身心健康、提高工作效率等好处时，这种特性其本身对整个社会经济而言，便是一种促进和推动。

6. 体育的政治功能

在《体育与政治意识》一书中，美国学者约翰·米尔顿·霍博曼表示：“体育与政治意识的关系是长期明显存在的，但很少有人确认这一点。”这一观点表明了体育和政治是密切相关的，且两者之间相互影响、相互作用。

体育作为一种社会现象，自原始社会诞生以来，便占据了人们生活中的重要位置，作为社会的一部分，它的发展肯定和经济、政治、文化息息相关，体育在发展中，肯定会受其影响，但同时，体育也会通过其固有的价值为政治服务，反作用于政治。

从宏观的角度上，通过分析能够发现，体育的政治功能体现在：提高国家的国际地位；提高民族精神和爱国主义精神；培养国家需要人才，创造安定的社会环境；与上层建筑的诸意识形态交互影响；改善和促进国家间的关系，增进友谊。

我国著名的“乒乓球外交”便是体育政治功能的体现，“乒乓球外交”打开了中美建交的大门，以小球带动大球的模式敲开了政治的大门。

而 2008 年的北京奥运会的召开，更是证明国家地位的一种体现，这是以体育为契机来提升国际地位的表现。美国学者塞恩指出，“奥运会的魅力以及人们对它的关注使得奥林匹克运动具有了巨大的政治意义和国际影响力”。他的话指出了奥运会的政治作用，作为大型的国际经济型体育活动，奥运会的国际政治作用不可忽视，奥运会的筹办国家在举办过程中可以通过这场大型的世界竞技体育活动向世界展示自己的实力，传播本国的文化精髓。在每届奥运会结束后，当年的筹办国的国际地位都会获得相应的提升。因此，2008 年北京奥运会的举办，便是体育政治功能的体现，对中国的国际地位和影响力有着重要的意义。

体育在政治上能够发挥不可忽视的作用，其表现不仅仅体现在国内的政治上，在国家间相互交往上，体育可以在国家政治制度中用来实现政治的社会化。尽管在大国政治之间，体育是中立的形象，没有政治色彩，但其竞技成果和在领域内取得的成就却可以作为一种政治力量，在国家外交上发挥作用。

除此之外，体育运动弘扬的精神和品质作为中华传统文化中的传承精神，在潜移默化地影响着人们，巩固社会主义荣辱观的基础，促进社会主义荣辱观的发展，而社会主义荣辱观是政治发展的价值理性基础，从另一方面来说，这也是体育政治功能的发挥。

7. 体育的文化功能

作为四大文明古国之一，中国的传统文化博大精深， 古人给我们留下了很多经典，体育在原始社会中就有存在的痕迹，流传至今已经有很多年的历史了，其本身就是一种社会文化现象。如今随着社会的不断发展，体育在社会中的地位也越来越重要，体育文化功能的影响也越来越明显。

国家对体育文化也十分重视，早在 1994 年 12 月，就在中央电视台频道 CCTV-5 试播体育赛事和体育报道，试播效果显著；1995 年 1 月，央视体育频道就正式开播，为广大观众传播体育文化，其收视率仅次于新闻联播。

旅游作为体育文化功能最显著的模式，近些年来，旅游业处于蓬勃向上的发展期，越来越多的人将消费投入到旅游中，丰富自己的生活，提高生活质量。

体育的文化功能不仅仅体现在体育的运动技术水平和日新月异的体育建筑上，还表现在观赏体育的发展上。观赏体育作为体育文化的一种，具有艺术性和娱乐性，和古典音乐会、画展等艺术展会有着同等的价值，是人们在社会发展中孕育出的智慧文明的结晶。

体育的文化功能正逐步被人们发挥，在人们生活中的地位也处于逐渐上升的地位，在很多文化领域都发挥着作用，给人以美的享受。从其发挥的作用来看，体育的文化功能在一定程度上推动了现代社会文明的进程，是促进社会文明发展的重要因素。

8. 体育的科技功能

体育的科技功能这一点很容易被忽视，这是因为在体育的众多功能面前，体育的科技功能直到步入科技社会才逐渐凸显出来。

在很多人眼里，体育的科技功能可能很遥远，是生活中接触不到的，因此很多人会对其忽视。但是这并不说明体育的科技功能弱，恰恰相反，在科技占主流的21世纪，体育在科技上依然处于前端的地位，比如说奥运会和亚运会等大型体育竞技活动中的计时设备和兴奋剂检查设备就是体育在科技上的推动。更不用说，目前众多学者对体育科学的重视，如今体育科学已经成为一门新兴的学科，并正在逐渐走向成熟。这个科学体系的形成不仅仅是体育本身的发展，在科学上也是非常明显的进步和推动。

体育科学研究的对象不仅仅是体育的相关设备，其主要目标是进行体育运动的人们，科学家们通过研究，发现探索人体的奥秘和极限，在体育科学的道路上不断前行。

体育和科技的作用是相互的，没有科技的发展就没有成型的现代体育体系，同时，体育的进步也在推动着科技的发展。这就是有人提出的“奥林匹克运动场上的竞争实质上是各国科学技术的竞争”，将体育称为“现代科学技术的橱窗”的原因。

第二节　大学体育的目标和任务

在学校教育中，体育是一门重要的学科，是教育不可缺失的部分。顾名思义，大学体育的主体是大学生、大学和体育。大学是提供教育帮助学生学习获得知识的教育场所；大学生是教育的主要对象，是未来社会的接班人，担负着引领未来发展、创新、不断前行的使命。需要大学生全面发展，不但要有坚实的理论基础，还要有健全的体格和人格；体育是大学教育的一部分，是促进学生全面发展不可缺少的课程。

在《德国体育研究》一书中，作者刘波认为，“在德国大学体育是根据《高等教育法总纲》中的规定，大学体育属于高等学校必须执行的一种任务，为学生和教职工提供自愿参加的体育锻炼机会。大学体育的内容和形式法律中并没有规定，因此各个学校会有所不同，大约20%的学生和教职工参加大学体育。”在德国，大学体育是服务的一种，典型的有三种，即中心组织机构、学校体育系作为任务或者学生自我管理自主（如学生会）来组织。

在我国，大学体育算是学校体育的一部分，而学校体育是教育学科中的重要项目，其目的和任务包括身体锻炼、传授体育知识与体育技能、培养道德品质等。大学体育符合学校体育中的体育教育活动，也就是我们经常说的公共体育。主要内容有体育教学、体育活动、体育训练等。

广义的大学体育是指，通过以上三种组织形式，在大学组织的活动，包括公共体育、体育专业学习和师范类的共同体育和体育专业学习；而从狭义的角度分析，大学体育指的是通过普通大学生的体育视角，不包括专业体育院校和师范院校或其他院校的本科体育专业教育活动。本文的分析主要指狭义上的大学体育，即普通大学的体育实践活动。

大学体育作为学校教育的一部分，自然会对学生的成长发挥重要的作用，有着举足轻重的意义。学生通过大学体育学习，一方面，可以知晓体育的基本理论知识和一些体育运动的基本技能；另一方面，还能加强锻炼，增强体质，在德、智、体、美等方面获得全面发展。

（1）大学体育有利于学生塑造健康的身体

体育能够增强人的体魄，提高免疫力，保持健康的生理状态，这是体育的基本功效。随着社会的不断发展，教育改革也提上了日程，但不论随着改革如何发展，其本质仍是为了培养“德智体美劳”全面发展的健康的学生。

健康的体魄是良好学习状态的前提，能够帮助学生集中注意力，提高学习效率和准确率。很多初、高中学校为了提高学生主学科的成绩，其他很多课程都需要给主科“让道”，体育课便是其中之一。从侧面来说，学生的数语外成绩确实有所提升，但往往很多小科目的缺失会让学生缺少“灵气”，数据显示，很多学生由于缺乏锻炼，身体素质均有明显的下降，肥胖和近视的人数呈直线式上升。

在大学中，灵活的授课方式和充足的课余时间都为大学体育课程的正常开展创造了条件，这都为培养学生养成健康的身体创造了条件，尽管在课程管理上仍存在些许不足，但大学体育课程帮助学生养成健康的身体的这种功能，目前是所有学科都无法代替的。所以，为了能让大学体育教育顺利发挥其作用，要始终坚持三点要求：第一，课程的安排要具有趣味性和娱乐性，符合学生的喜好；第二，课程的时间和强度要安排得合理恰当；第三，可以适当地增加难度，使学生与体育课程进行更好的互动。这三点可以辅助大学体育课程发挥更好的作用。

（2）大学体育可以帮助学生丰富课余生活

体育作为一种流传至今的社会活动，在发展过程中具备了娱乐性，学生在参加大学体育课程中不仅丰富了课余生活，同时也培养了运动的爱好和兴趣。

学生对体育课程理论知识的学习和了解并不是学校教育最终目的，学校教育的最终目的是将学生培养成为德智体美劳全面发展的人才。兴趣与爱好是人们关注或参与某种活动的动力，能够推动人们的进步与发展。在如今社会快速发展的情况下，兴趣和爱好可以帮助人们走得更远。

随着终身教育思想在各国的兴起，终身体育的思想也发展起来，世界许多国家也把终身体育思想运用到各自的体育课程改革之中。他们都十分重视让学生自主自愿地选择自己需要的且适合自己的体育课程与体育实践活动，让学生在学习中充分体验体育运动的乐趣和意义，培养学生对体育运动的爱好和兴趣。与此同时，他们也注重让学生掌握终身体育活动所需要的体育知识、技术与技能、方法，培养学生形成自我锻炼的能力，使学生养成终身体育的意识和习惯。

一、大学体育的目标

根据教学要求，在现代教育科学的发展下，各学科都设有明确的教学目标，大学体育也有着明确的教学方向和教育目标。

首先，大学体育是教育的一部分，其目标要求要与教育目标的方向保持一致；其次，大学体育是体育教学的组成部分，其目标也要符合体育的运动属性，不能脱离体育通过锻炼来改善人体素质和身心健康的本质。早在 1979 年，教育部和国家体委便联合颁布了《高等学校体育工作暂行规定》和《中小学体育工作暂行规定》，规定各级各类学校体育教学要把增强学生体质和提高学生健康水平作为学校体育的主要目标。

在我国，著名的体育学家、教育学家袁敦礼先生认为“身心二元说”是错误的，“身心一元论”才是正确的认知。他表示，“体育之意义无论为‘身体之教育’或‘从身体活动中施教育’，与身心两方面均有密切关系”，“盖身体之活动同时即为精神之活动，而所谓精神之活动，无不含有身体之成分也。”袁敦礼认为在体育系统中，身心是一体的，不能分开看待，既要注意身体的发展，也要注意心理健康的发展。他认为体育的一切形式或技能都会影响人的心理，对人的情感、思维、想法、性格等造成影响，是改善和培养健康心理的良好途径。

综上所述，可以推断得出，大学体育的目标是以运动和身体锻炼为基本手段，科学培育大学生身体机能，在提高人的生物潜能和社会适应的过程中，提高道德修养，促进智力和审美发展，实现人的全面发展的教育的总体目标。

其最终成果是培养出身体素质增强、心理素质健康发展、运动技能有所提升的大学生。此处的身体素质不单单指人体肌肉的增多和健康的身体器官，还包括心理上的意志力、想象力、创造力等各种智慧力量和精神力量的提高和增强。

二、大学体育的任务

为了达成大学体育的最终目标，培养出德智体美劳全面发展的人才，大学体育需要完成以下五个方面的任务来最终实现目标：

1. 增强学生体质，增进学生身心健康

体育的本质目标是增强人的身体机能，给人以健康的体魄。大学体育目标的实现，必须要完成“增强学生体质，增进身心健康”的任务。体质的增强不仅仅是身体表面的肌肉和器官的改善，还会进一步促进大脑机能的调节。

全面增强学生体质有赖于有目的、有组织的系统运动和练习。要在学生生长发育良好的前提下，实现体资健美；在机体结构全面发展的基础上，发展学生的“自稳态”；增强免疫力，促使学生精力充沛、生命力旺盛。

2. 要求学生掌握好体育的基本知识、基本技术和基本技能

大学体育教育不但要求学生掌握体育运动的基本技术和基本技能，还要求学生学习体育的基本理论知识，只有有坚实的理论基础，才能顺利掌握体育基本技术和基本技能。因此，在大学体育教学课堂中，对于体育基本知识、基本技术和基本技能这三种基本要求，教师不能“厚此薄彼”，要让学生均能系统地学习到，使之形成完整的体育知识体系，进而培养出对体育运动的兴趣，形成终身体育的行为和习惯。

因此，大学体育要充分体现智力与体力的结合以及理论知识和实践能力的科学结合。

3. 培养学生审美和创造美的能力

体育学和美学，在历史上一直是息息相关的关系，有着密切的联系。运动是力与智慧的结合，身体锻炼是意念和形体的统一。通过健美操、韵律操、基本体操等观赏性体育活动，学生可以借此来体会体育的美学，将艺术和体育结合起来，通过运动来理解美的内涵，将“外在美”和“内在美”完美地结合在一起，从侧面培养学生的审美能力，让学生认识到，美的艺术并不仅仅体现在静态的事物上，动态的行为上也能感受到艺术的美感。

4. 培养学生的道德意志品质，促进学生个性完善发展

在体育教学中对学生进行共产主义道德品质的教育，绝不是运动及身体锻炼与政治口号的生硬结合，而是通过运动及身体锻炼来对他们进行知、情、意、行的教育，培养他们高尚的情操，提高他们的思想道德修养。最终通过发展精神品质来更有效地完成大学体育教育的任务。

5. 提高学生运动水平，培养高水平的体育人才

“多出人才，出好人才”，这其中当然也包括培养优秀的体育人才，出世界冠军。我们应该充分发挥大学在师资、器材、设施和多学科交叉方面的优势，充分认识大学生的身心特征，把部分有运动天赋和运动才能的大学生培养成为高水平的运动员，这也是时代赋予大学的新的使命。

运动员越多、越优秀，越能证明大学的作用，即大学能够培养出优秀的各级人才，这是体育教育本质的体现。

第二章　大学人文教育

第一节　人文教育、人文精神和人文素养

一、人文教育、人文精神和人文素养

1. 什么是人文

“人文”一词，简单来看，可分为“人”和“文”两方面。“人”指的便是我们自身，德国哲学家黑格尔曾说：“人自身存在的目的从本质上看就是有无限的价值和永恒的命运。”人的一生走向可以大致用行为走向和思维走向来概括，行为走向便是人对这个世界一切未知的探索和发现，思维走向便是人在探索中萌发的灵感和想法。“文”从广义的角度分析是指文化，也就是人在生产劳动中所创造出的精神文明，即意念、观念、心态和习俗的综合，包括语言、文化艺术、科学技术、道德伦理、宗教信仰、哲学观点，等等。

如果单从“人”和“文”二字的含义的分析，“人文”的含义可以简单概括为人作为独立自主的个体，在有教养、有学识的基础上对情感和意志自由发展的珍视，在社会熏陶和发展中对于美好的追求。

我国的文献中，“人文”最早出现在《易经》中，古人将人文和天文在《贲卦·彖传》中用一句话进行概括了：“观乎天文，以察时变；观乎人文，以化成天下。”意思是，观察宇宙运行的规律，可以摸索出时间和季节的变化；人文是人生的道理，要用人事道理教化天下大众。在《辞海》中，“人文”一词的解释是：“人文指人类社会的各种文化现象。”因此，从宏观的角度来看，随着社会的进步，人文也是与时俱进的，随着人类不断创造出文化而不断更新。

在西方国家中，文艺复兴时期的核心思想便是人文主义。在韦氏词典中，人文主义的解释是：反对在教育中运用强迫纪律性和死记硬背等方法，尊重人的思想和个性，教育活动的重大对象是人，因此应解放人的思想和观念。在本质上与英文单词“humanist”是相对应的，人文是指区别于自然现象及其规律的人与社会的事物，其核心是贯穿在人们的思维与言行中的信仰、理想、价值取向、人格模式和审美情趣。

2. 人文教育的含义

人文教育的含义有广义和狭义之分。广义的人文教育是指实施人性化的教育活动，通过系统的社会人文理念来培养学生，让其具备特定的人生理念、人文价值取向和行为方式：狭义的人文教育与人文课程相关，所有与人文课程相关的教育都被称为人文教育。

人文教育也可以理解为人文素质教育，即学校教导学生“怎样做人”和“学会做人”。其核心是人文精神。

人文教育对社会的发展十分重要，其推动着社会的可持续发展，为社会输送着品德高尚、学习能力强的优秀人才，为社会和国家可持续发展奠定了坚实的基础。在学校教育中，尤其是大学教育，它不仅仅要传授学生所需的专业课知识，还要满足社会和人的全面发展的需要，在道德和品质上进行教育和培养。

社会的发展离不开人文教育，为了满足社会的需要，大学教育在课程设置上要进行恰当的规划，将人文教育融合进大学课程教育中，升华课程思想和观念，重视人的全面发展，对人本身精神世界予以更高程度的关注。

人文教育有着悠久的历史。现代人文教育培养人的身心的健康发展，在现代教育的基础上有目的地教导人怎样做人，引导人怎样做事，是打造现代人文精神、培育现代人文素养的教育。

人文教育在现代教育中有着重要的作用。20 世纪 80 年代，一场加强重视大学的人文学科教育思潮在美国高等教育中兴起。阿兰·布鲁姆在《走向封闭的美国精神》一书中指出必须重新调整人文科学与自然科学的关系，发扬人文教育。他批判美国偏专才教育的结果是 80 年代的大学“忽然面对一群缺乏知识和教养的学生，他们没有一点知识分子的味道”。他呼吁社会和相关部门重视人文学科，重新认识人文科学、社会科学和自然科学三者的关系。

总体而言，人文教育是高等教育中的一个重要部分，学生最基本的价值取向和人生方向都是人文教育的结果。人文教育涉及多个方面，包括人文方法教育、人文精神教育和人文学科教育。

3. 人文教育的形式

人文教育起源十分久远，在传承中不断丰富、改善和发展，在历史发展中，最终学者们将人文教育分为以下几种，即古典类型、浪漫类型、存在类型和极端类型，这几类的人文教育并不具有冲突性，而是相互包容、相互配合、相互补充的。

（1）古典人文教育

①古典人文教育诞生的背景

从人类诞生于这片土地，就在不断地创造着文明，雅斯贝尔斯曾将人类的发展时期根据发展程度分为四大部分。

第一部分是公元前五千年之前，这一时期是人类的史前时期，社会还未形成，文明并不发达，这一时期的主要杰出成果是人们对语言使用的开发，为了生存而发明的生产生活工具，对火的认识和使用。

第二部分是公元前五千年到三千年，雅思贝尔斯将这一时间段划分为其中重要的一部分，是基于这一时期是古代文明的诞生时期，古文明诞生地埃及、印度、中国和美索不达米亚在历史的长河中大放光彩。

第三部分是公元前八百年到两百年之间，这是人类精神的基础，独立和奠定的时期，中国、印度、波斯、希腊、巴基斯坦是其奠定的地点，如今的人类依然依托于这些基础。

第四部分是欧洲中世纪时期科技和技术发展的时期，其理论基础在17世纪左右奠定，并于18世纪进入发展的进程，在人类的社会发展中指引方向，改变了世界的格局和进程。

如果按雅斯贝尔斯的划分原则，人类开始注意到人文精神的重要性，开始追求人与自然、人与世界的和谐统一。这一时期不论是东方国家还是西方国家，思想文化都是高度繁荣时期，此时正处于我国的夏商周时代，社会已经成型，文明体系正在逐渐构造，各领域也在不断发展进步，铜器、医学、图腾文化、诗词歌赋、精美装饰都成为我国古文化的文化积淀。具有古典人文精神的代表性文学作品如《诗经》《山海经》等。而这一时期的西方国家，雕塑、建筑、戏剧表演、音乐歌舞会都十分发达，神话传说和歌谣史诗更是颇有一番特色。东西方文化的共同发展促进了古典人文文化的发展。

在这一时期，文化的高度发展不仅仅是历史推动的结果，还有当时经济、政治等方面的支持，在坚实的物质基础上，古典人文文化才得以繁荣发展。

②古典人文教育的基本特征

a. 以人为中心，以善为导向，以人性的完整、和谐、全面发展为目的，去实现那一时代所理解的人性的丰富与圆满。

b. 用完整的时代人文科学知识去验证古典人文教育，注重乐教以实现人的和谐发展。

c. 强调知行合一，教育与人生实践相结合，接受过什么样的教育，就会收获什么样的人生。

d. 教学的根本方法是启发诱导，要因材施教，教学相长，古典人文教育充满了最初的师生民主、平等、自由的教育精神。

（2）浪漫人文教育

浪漫人文教育的代表人物是卢梭，主张的观点是人性本善。卢梭认为，一个人不会因为教条式教育或者外部的权威所迫才变得更好，而是因为他本身的善良本质和自身意愿变得更好。

马斯洛基于人类心理智商对这种形式的人文教育做出的贡献，将人文教育视作是一种自我形成、自我定义的过程，受到一种自我实现的天性所驱使，并且依赖于内在自我驱动力、自尊、激励的环境以及良好的人际交往，并且尊重每个人的独特性。

（3）存在主义人文教育

存在主义人文教育的代表人物是萨特，其持有的观点是人的本质是自由的，不会被外界所影响，无论外界的权威多么吸引人，人在主观上仍是自由不具束缚的。

4. 人文精神的含义和特征

（1）人文精神的含义

精神是人的意识反映。精神的传承需要经过时间长河的不断洗礼，在人们的继承和发扬中不断完善。任何传承的精神都具有民族性和社会性，具有广泛的适用性。人文精神作为人文教育的核心涵养，其重要性不言而喻。在现代教育发展进程中，人文精神是教育发展的灵魂所在，是一种普遍的人类自我关怀，表现为对人的尊严、价值、命运的维护、追求和关切，对人类遗留下来的各种精神文化现象的高度珍视，对全面发展的理想人格的肯定和塑造。

“人文精神既是一种形而上的追求，也是一种形而下的思考。”儒家代表的是一种涵盖性很强的人文精神，中国的传统文化以儒家思想为核心，其在人文思想上表示为忧患精神、和合精神和人本精神。

①忧患精神

在儒家思想体系中，忧患意识不仅体现了人的责任感也反映了人的爱国之情，关注国家和社会的热点，对国家存亡共享力量，忧患精神反映的是个人对社会、对国家、对世界，乃至全体人类存亡的心理状态，是个人责任感的直观反映。

子曰：“君子忧道不忧贫。”说的便是人要入世，积极的关心国家和民族发展，发扬“忧世悯民”的精神和“仁爱”的思想。

这种忧患精神体现在人们对国家的关心和奉献上，反映在对困难的不畏惧、不妥协、不屈服上；反映在为国家和民族做出贡献，救国家于危难之中、救人民于水深火热之中；是戊戌六君子的百日维新运动，是孙中山的“革命尚未成功，同志仍需努力”，是范仲淹的“先天下之忧而忧，后天下之乐而乐”。

②和合精神

儒家思想中的“和合精神”反映的是对人的生存意义的思考活动，它贯穿了儒学的发展，统摄了社会伦理道德、价值取向、心理结构、行为动机、思维方式及审美情感等。儒家的和合精神是价值理想，既是宇宙精神，又是道德精神，是天道与人道即“天人合一”的精神，是人与自然、人与社会、人与人、人的自我心灵冲突融合而“和合”的精神。目标是最终达到“人和而天和，人乐而天乐”的天人和乐的“和合”境界。

③人本精神

我国著名学者汤一介认为，在中国传统思想文化中，存在着一种人本主义倾向，这种人本主义不同于文艺复兴以来西方那种反对神本主义，讲究独立人格、天赋人权，强调个性解放，带有强烈的个人主义色彩的人本主义。

在我国古代，人本精神就是指以人为本，肯定人在社会中的地位、作用和价值，并以此为核心，解释一切问题；在解释一切问题过程中体现出人在世界中的地位、作用和价值，便构成一种人本精神。在中国古代“重人”并不稀奇，对人的重视度要高于神。

（2）人文精神的特征

人文精神是人文教育的核心内涵，是教育的灵魂，注重人文，其特点主要是突出人类的和谐和关注人与自然的和谐统一，具有以下四种特征：

①核心是“以人为本”

人文教育的核心是人文精神，人文精神的核心是以人为本。以人为本的中心和重心是指人类，是以人的生存为根本，人是自己的主人，主宰着万物，由人设定规则和尺度，具有自由性。以人为本是促进人的全面发展的思想基础，主张尊重他人、以诚相待、平等相处。

②多样性

人文精神的形式具有多样性。这是因为，精神依托文化而存在，文化是其载体，在社会现实中，世界各地的文化都具有独特性和不可替代性，这就造成了载体的多种多样，进而使得精神的形式带有多样性的特点。

人文精神形式的多样性特点最突出的表现在于东西方文化的差异上。由于地理位置不同、历史存在差异、文化底蕴不同，东西方文化体系在结构的各层面上都有着区别，进而在人文精神的塑造上便会产生不同的成果，其多样性特点便是这样得来的。

③普遍性

人是万物灵长之首，在世界的活动中处于主体地位，人的一切行为最终要达成的目的是为了满足自己的需要和欲望， 这是人类历史进程中的必要过程。为了实现发展的需要，人类的活动也是立足于利益之上的，由此而来所诞生的人文精神，是全体人类都适用的、共有的人文精神，具有普遍性。人文精神不会受不同的历史时期、风俗习惯和发展需要的影响，因为其目的都是为了发展，在人文的问题上，在尊重和关爱他人等方面是普遍的。

④时代性

人文精神的最后一项特征是具有时代性。人是具体的、历史的，因此，反映人的需要和礼仪的人文精神也必然是具体的、历史的，具有强烈的时代性。主要表现为：人文精神是时代的产物，不同时代具有不同内容的人文精神；人文精神要随着时代而不断发展。要研究人文精神，必须注重当代人的生存和人类未来发展的需要。

5. 人文素养的含义

（1）素养

素养，即是指由训练和实践而获得的技巧或能力，也包含平素的修养。《汉书·李寻传》记载："马不伏历，不可以趋道；士不素养，不可以重国。"南宋文人陆游《上殿札子》中说："气不素养，临事惶遽。"《后汉书·刘表传》称："越有所素养者，使人示之以利，必持众来。"这说明，素养对于人的处世之道十分重要。素养指一个人的修养，与素质同义。广义来说，素养是个人思想品德、人格体魄、学识水平与践行能力的综合表现。在知识经济的今天，人的素养的含义大为扩展，它包括思想政治素养、文化素养、业务素养、身心素养等各个方面。

（2）人文素养

一个人的精神世界，是由科学、艺术和人文三方要素构成。提起一个人的综合素养，就离不开科学素养、艺术素养和人文素养。"人文素养"是指人们通过掌握优秀的文化知识，践行高尚优雅的人文德识，以此表现出的以人为根本和出发点的内在品质。它的核心是人文精神，就是指对人的价值关怀。

在我国的研究中，人文素养通常包括五个方面的内容：一是具有人文知识，二是理解人文思想，三是具备人文方法，四是内在人文精神，五是实践人文行为。著名教育学者肖川教授曾对人文素养的内涵进行过界定。他认为，人文素养是指人类文化中的先进的、科学的、优秀的、健康的部分，其核心是指先进的价值观，其主要内容则是指先进的规范，对于社会而言，尤其是先进的法律和制度规范，对于社会成员而言，尤其是先进的道德和习惯规范，对于青少年来说，首先体现在养成良好的习惯规范。

所谓的“人文素养”，即“人文科学的研究能力、知识水平，和人文科学体现出来的以人为对象、以人为中心的精神——人的内在品质。”人文素养的灵魂，并不是指一个人拥有的能力，而是指“以人为对象、以人为根本”的人文精神。人文精神的核心内涵是对人类生存意义的探寻，表现出对人的尊重及关怀，这些构成“人文系统”。人文素养体现人们的思想道德水平、基本处事原则、价值观和世界观。它还包括科学精神和艺术精神。它是生活中美好和优雅的呈现，是人们追求情感的表达、感性的认知。同时，它将我们的生活多彩化和多样化，让我们的思想在文化的碰撞中绽放出火花，得到创新，得到解放。它的灵魂体现着对人的爱、尊重和关怀，是不受自然所限制，不受天道所约束，不以万物为尺度。它对抗着社会中阻碍人类进步和生存的，以及凌驾于人类之上的教义、理论和观念，带领人们走向光明、健康、快乐的未来。

二、人文教育、人文精神和人文素质的关系

在研究人文教育时，有人会误将人文精神或是人文素质当作人文教育，但其实，这三者之间互有关系，人文教育包括人文精神和人文素质。其中，人文精神是人文教育的核心，人文素质是人文精神的基础，人文精神还是人文素质的灵魂。人文素质的提升和人文精神的培养是反应人文教育效果的直接体现。

人文教育的内容十分丰富，涵盖面比较广泛，可以将其分为理性教育和感性教育两部分，理性教育包括科学知识教育，感性教育包括人性教育。从根本上来说，尽管人文教育是教育改革中提及的，需要融入现代教育课程中

的一项促进人全面发展的教育，但从本质上来分析，人文教育仍然称得上是一项普及教育和义务教育，是以人文学科为基础，培养受教育者的道德观念，提高受教育者的综合素质，促进受教育者的全面发展。中国的传统文化历经了时间的洗礼，历经了千百年的历史才流传至今，作为中国传统文化的一部分，传统人文教育包含着丰富的人文学科知识，现如今，现代社会发展所要求的人文教育是立足在传统人文教育之上，冲破其传统的禁锢，以“以人为本”为理论基础，强调人的价值和作用，重视生命的价值，自由平等和个性的释放。

人文精神是人文教育的核心，无论是人文教育还是人文素质，都要以人文精神为中心进行活动。在培养学生全面发展的过程中，人文精神发挥着重要的作用。纵观近年来各大学向社会输送的“人才”来看，其普遍存在着缺失人文精神的问题。这是高等教育未重视人文精神的培养而造成的后果，是没有充分认识到人文精神和人文教育的关系，对人文教育不重视造成的。所以，现阶段教育改革过程中，高等教育要重视对学生人文精神的培养，开展人文教育和人文素质活动，最大程度地发挥人文精神的作用，为学生的全面发展奠定坚实的基础。

人文素质能体现一个人的综合素质，具有整体性和内在性的特征。人文素质包含面广，涵盖人文知识和思想、掌握人文方法、遵循人文精神几个方面。随着教育改革的不断发展，社会对人才的要求也越来越高，要求新社会的人才不但要有高水平、高文凭还要有高素质，学校教育要全面培养学生，使之达到全面、健康发展的要求。现行的人文素质是指以现行人文知识为基础，通过外部环境下的教育、熏陶以及自身体验等手段，不断汲取人文知识中优秀的思想品质、高贵的情操以及美好的人生向往，将其转化为自身稳定的人格、气质以及修养等综合品质，帮助现行高等院校体育专业学生打破传统“高体育水平、低文化素质”的束缚，促进现行的高等院校体育专业学生得以全面发展，进而推进广大高等院校学生从人文科学知识层面上升到精神文化层面。

综上所述，人文教育、人文素质以及人文精神三者是相辅相成，融为一体的。因此，高等院校应通过各种有效机制，确保人文教育、人文素质以及人文精神培养的顺利开展，切实通过体育专业学生的人生观、价值观、世界观、审美品位、行为方式等充分体现出来，进而全面提高体育专业学生的体育人文素质，以期为实现我国全面、快速、健康发展发挥重要作用。

第二节　人文教育的产生和发展

一、古代的人文教育

最早的人文教育可以追溯到古希腊时期，这个时期文化的兴起推动了人文教育的诞生。在各个领域内，包括体育教育等多方面教育中，人们注重人的品性和道德的培养，强调人文的领域，按照当时的时代要求，有目的地培养有素质、有教养的优秀人才。

孔子的“六艺”之教乃以道德修养统摄之，以造就所谓的君子品质。在“四书”中的《大学》中，“大学之道，在明明德，在新民，在止于至善。”也明确地反映了大学的目的。显而易见，在儒家学派中，人文教育是十分重要的，人文素质培养是不可缺少的，具有鲜明的民族性和道德性，足以说明，在古代人的道德修养比学习知识更加重要，学校教育不仅仅要传授知识，也要培养人优秀的道德品质，教师的任务是“教书育人”，但“育人”远远要比“教书”重要得多，如果一个人仅仅只有渊博的知识，却无道德修养，那也不能说他成功地从学校毕业了。

二、中世纪时期西方的人文教育

人文教育起源于古希腊时期，在古代西方的教育中，人文教育始终占据着主要的位置，在中世纪时期，宗教文化发展，教育、政治、经济都和宗教有着紧密的联系，宗教至上，各领域的命脉都把握在宗教手中，教育更是成为宗教传播教义发展教徒的工具。尽管宗教文化占据了当时的主流，但西方教育系统并没有舍弃人文教育，尤其是文艺复兴时期，人文教育更是高度发展。

西方的教育受社会影响的制约，发展并不自由，具有十分大的限制。举例来说，西方最早的大学创建的原因是为了辅助当时社会经济的发展，为了培养医生和律师，满足社会的迫切需要。这所大学创建的原因并不是知识、文化发展的推动，反而是因社会的需要而建立，在学术和知识文化领域上并不具备自由独立性质。

但是随着时间的推移，越来越多的人看出来这种不健康的知识、文化发展。卢梭认为，当时的教育体系是束缚了人的天性，遏制了人的个性发展，对人的道德培养和素质十分不利，因此，他提出教育应该解放人的天性，推动人的全面发展。卢梭的观点影响了很多人，康德就是其中一位，他认为："人只有通过教育才能成为人，除了教育在他人身上所造就出的东西外，他什么也不是。"他提出："人类应该将其人性之全部自然禀赋，通过自身的努力逐步从自身中发挥出来。人的天性将通过教育而越来越好地得到发展，而且人们可以使教育具有一种合乎人性的形式。"

卢梭和康德的思想影响了一批又一批的人，柏林大学的创办者洪堡高度认同二者的观点，在柏林大学创建时，便将卢梭和康德的人文教育思想作为办学的教育宗旨。

人文教育理论认为，人文教育是教育的最终目的，也就是培养学生人格和个性全面发展、和谐统一。

随着时间的推移，教育也在不断地进步，对于旧知识、旧文化，学者们去其糟粕，留其精华，将精髓融入教育改革中，将教育从封建、专制、神学的束缚中解放出来，真正发挥其传道、授业、育人的作用，将无尽的知识和文化，优秀的品质和健康的体魄传给学生，让学生踏出校门的一刻起可以在政治、经济、文化等社会方方面面发挥出积极的作用。

三、19世纪末以来的人文教育

如果说文艺复兴以来西方占统治地位的文化，在确立个体性原则的同时逐渐走向更强调人类精神的普遍性、必然性的话，那么，19世纪后期以来的人文主义思潮则更注重个体及其独特价值，强调个人在情感意志方面的自由发展。反映在教育思想上，19世纪20年代以后，科学主义色彩极浓的实证教育成了西方教育的基本模式。在这种教育过程中，教育的目的不是人的自由全面发展，不是扩大知识面和追求美好高尚的真理，而是如何把学生培养成一个对社会生活直接有用的人，以适应现实社会的选择。我们不难发现，这种“科学主义”的实用教育，也盛行于近年来的中国教育领域，这也正是当今中国新人文主义复起的社会背景之一。

四、人文教育在中国的融合发展

在20世纪中期，世界各国都处于动荡不安的战乱之中，此时的体育活动和军事行动具有紧密的联系，任何体育活动都具有鲜明的军事色彩，是为政治和军事服务的，文化和经济都处于停滞不前的发展状态，对人文教育的重视程度也有所忽视，尤其是 20 世纪 60 年代左右，由于不可忽视的政治原因，人文教育被强制性忽视，其不但没有发展，仅为了维持现状不造成后退就耗费了不少的力气。

到了 20 世纪 80 年代，教育仍然不具有独立性，角色仅从政治辅助转变为经济辅助，仍然不具有主体性。这些年教育在发展的过程中，由于历史的种种原因而忽视了对人文教育的重视，在课堂中人文教育流失，无法发挥作用是不争的事实。

1997 年，体育人文社会学的提出和设立是中国教育界对人文教育予以重视的标志，我国恢复教育的作用，推动人文教育的发展，专家和学者不断努力，将体育教育和人文教育相结合，力图在各方面都融入人文教育，十分重视学生的人文培养。

随着社会的不断进步，教育界对人文教育已经越来越重视，强调科学与人文的融合，提出了一系列指导性的实施策略。但由于各种原因以及人文自身的独特性，人文教育始终面临着实效性低下的被动局面，人文教育仍然是中国高校体育教学所欠缺的。随着各国教育界对人文教育的日渐重视，大学体育也逐渐把“以人为本”作为现代大学体育教育的基本价值观，把教育和人的幸福、人的自由、人的尊严、人的终极价值联系起来，以全面发展的视野培养全面发展的人。

五、世界各国的人文教育改革

随着社会的发展和科技的进步，各国对教育关注的投入力度也越来越大，从 20 世纪 70 年代起，世界各国便逐渐认识到学校教育中缺少必要的人文教育，人文教育的缺失后果严重，对社会人才的输送造成影响。因此教育改革浪潮在世界各国相继开展，各国在教育中都着重强调了人文教育的重要性。

1984 年，美国全国人文学科基金会发表了题为《必须恢复文化遗产应有的地位》的报告，报告中表达了鲜明的观点，即要加强和改进人文社会科学教育。

1995 年，美国工程技术认可委员会提出了高等工程教育中人文教育的最低时间要求，并对具体课程及其深度、广度作出了规定。

为了加强学校教育中的人文教育，日本在大学增加了教养部，旨在培养学生们的人文素养，帮助学生在人文、社会科学、自然科学等学科方面打下人文教育的基础。学生开始大学生活后，首先接受的不是专业知识的传授，而是要先前往教养部学习一年或者两年的人文教育，在这期间，学生主要接受的就是人文教育的学习，暂时不会接触专业课的知识。待一年或者两年后，学生们才从教养部的人文教育学习转业开始专业课程的学习。

不仅日本如此，在韩国教育界对人文教育的培养也十分重视，各大学课程都进行了改革，分成了教养课和专业课两大部分，在教养课上，学生要接受大量的人文教育，其内容包括国民伦理、国文、国史、外国语、哲学、文化、自然科学入门和体育，在学分比重中占据 30% 的比例。从比例分配上，足以看出韩国对加强培养学生人文素养的教育改革的决心。

在西方，英国在教育改革中提出，在高等教育中要加强文理交叉，拓宽学生学业基础面，推迟专门分化时间，认为“现代世界理科和文科的裂缝必须用科技人文科学来黏合”。

近年来，各国院校已经相继开展了教育改革，在教学课程环节中增添人文教育，加强学生人文素质和人文精神的培养。尽管各国的教育改革进程并不同步，方法和措施也大有不同，但是其目的都是一样的，即为了加强学生的人文素质教育。在改革的进程中，各国都遵循了以下三点特性：

1. 民族性

文化是一个国家在滚滚历史长河中流传下来的精神沉淀，代表了其民族的传统，表现着这个民族的特点，反映着这个民族独特的个性。各国的人文教育课程内容都反映着本国的民族特点，皆以民族文化为主，体现本国的历史和文化。

2. 国际性

在加强人文教育的同时，各国也从侧面上拓宽了国际化教育的内容，并力图将民族性与国际性统一起来。

3. 综合性

综合化是当代课程改革的一个突出特点，世界各国目前普遍开始设置文、理、工等学科相互渗透和跨学科的综合性课程，以培养学生的整体意识和综合意识。

当前，在各国的教育改革进程中，学生的人文教育是教育中的热点和重点，我国的教育改革也紧跟着世界的步伐，顺应时代的发展，将人文教育作为学科教育中重要的一项，而如何将人文教育顺利地融入学科之中，和体育教育互相渗透，也是大学体育教育改革中一个值得思考的问题。

第三节　当前我国大学生人文素养的发展现状

离开大学，学生就会步入社会，可以说，大学校园是学生可以肆意的最后一个场所，大学期间的生活也是学生最后的校园时光，大学对学生们来说，并不仅仅是学校，还是链接社会的纽带，学生在大学里不但要学会专业知识还要学会如何在社会上生存。随着经济的不断发展，社会不断进步，校园环境也深受社会的影响，校园风气也逐渐变得社会气，不再如旧时那般质朴醇厚，校园文化逐渐从“勤工俭学”发展到“从政热”，再到如今近些年风靡的“股票热”“经商热”，种种社会思想和风气席卷校园，学生深受影响，纷纷开始行不正之风，走后门、拉关系的问题常有发生。市场经济飞速发展的后遗症在校园中明显地显现了出来，社会上的唯利是图、功利主义、享乐主义等丑恶东西使大学生只顾眼前利益，缺乏远大的理想和抱负，只想凭关系找工作，不去努力学习。

研究人员根据这一现象在许多学校做了调查，这里以其中某一地区大学问卷调查为例来分析研究。据统计调查显示，该地区有 72% 的学生注重自己的道德修养，但是学生在道德遵守方面往往没有那么重视，经常处于言行不一的矛盾状态。比如说尊老爱幼、保护环境、爱护公物、维持公共秩序等基本文明道德行为在学生眼中都是耳熟能详的道德规范，但在现实中，一旦自己遇到了这些情况，很少有人能去履行这些职责，做到文明礼让，不随地乱扔、不在公共场所抽烟、不大声喧哗；课堂教学中的器材的损坏，很少有学生会去修理，56% 的学生表示扔到一边不用，认为没有器材可以不上课了或减少练习的次数；学习生活中，发现同学的一些行为举动不符合道德规范，也仅有 38% 的人会向对方提出建议或者加以制止，更多的人对此表示，并不愿意插手多管闲事，以防伤害同学之间的感情，还有的同学觉得这样的事和自己无关，并不愿意理会。

除此之外，参与问卷调查的 86% 的学生更重视自己的大学专业，希望在学校期间，能够通过学习提高自己的文化水平，同时也能够不忽视道德修养的养成，在毕业时能够收获学业和道德修养兼顾的好成绩，但仍有一些学生表示，大学只是他们混文凭的地方，未来的发展家里已经有所安排，学校的课程对自己根本没有任何意义。

在调查中，49% 的学生表示，在集体利益、他人利益、自身利益三者面前，他们都会优先考虑集体利益和他人利益，放弃自己的利益，以大局为重。但面对这一问题时，调查中也有一部分人表示要视情况而定。

有 82% 的学生很勇敢，敢于尝试新事物，负有冒险精神，但对需要耐心的事表现得较浮躁。87% 的学生比较团结，即使关系不好的学生上课时在一起学习也能积极配合，只有少数因同学关系不好而不进行练习或自己寻找其他同学练习。也由于学校德育工作在一定程度上缺乏针对性，过多重视专业技能和知识的学习，放松了人文素质教育。

第四节 影响大学生人文素质养成的因素

人文素养的提升要经历长期的磨炼和岁月的积累。在这个过程中会受到许多客观和主观因素的影响。为了研究这一问题，某一调查对影响人文素养的因素进行了分类，以主观和客观因素为标准，又分为个人、社会、学校和家庭四大方面来调查，并根据不同的层面，拓展了表现内容来进行详细分析。在这四大层面的排序中，学生和教师表现出不同的看法。学生对这四大层面的排序是个人、学校、社会、家庭，教师的排序为个人、学校、家庭、社会。不难看出，个人的主观能动性因素对自身人文素养的提高起决定性作用，学校作为传道解惑的教育场所对人文素养的影响更是举足轻重。因此，在大学的体育人文教育推行中，在加强体育教育专业学生人文素质的工作中，要特别注重保证学生的主体地位，充分发挥主观能动性；营造良好的校园人文氛围，加强人文素质教育，大力弘扬人文精神；协调好个人、家庭、社会和学校的关系，合力办学。

一、个人层面

个人对人文素养的影响是较大的，据不完全统计，造成个人对人文素养的影响中，主要因素包含个人专业水平、个人努力、个人爱好和个人参与社会实践活动、个人人际关系。学生普遍认为个人的文化水平对自身人文素养的影响较大，其次是个人努力程度和个人人际关系，最后是个人的兴趣爱好和实践参与程度。以上这些因素又都受学生的自身特点所限制。

1. 人际关系方面对学生人文素质养成的影响

人们常说，进入大学就是半只脚踏入社会另外半只脚留在校园。大学生处于人生转折的关键时期，健全的人格是走向成功的基石。和谐的人际关系不仅有利于家庭生活的幸福，更有利于人的身体和心理健康。判断一个人的人格是否健康最直接的体现也在人际交往的过程中。

人际关系对大学生的影响是点滴积累，潜移默化的。而体育教育专业大学生受专业特征的影响，更多的时间花费在了课堂技能学习、课后专业训练和体育竞赛中，与教师和队友的接触时间更长，形成了有别于一般大学生的人际关系，这种人际关系对其人生观、价值观的形成有重要的决定作用。在师生之间，由于体育教学的特殊性，教师常常会以身示范，手把手一点一点地教授运动技巧，与学生有最直接的接触，教师此时表达的人文素养会最直接影响学生对它的认识和看法。民主的教学方式是最佳选择。体育教育专业学生个性好强，性格相对执拗，需要引导，当教师采用“一言堂”教学模式时，会对学生的学习兴趣和学习情绪产生消极影响，学生的个性极易被抹杀，出现散漫、不满和暴躁的情绪，日积月累，学生们就会产生厌学心理，严重的甚至会和教师发生课堂冲突。这样的教学不仅没有达到传授技能的初衷,也会对学生正确人生观和人格塑造产生不好影响。还有部分专业课教师语言表达能力较弱，缺少大局观和人文关怀，在教学中错误用词和不耐心、偏向心理都会让学生的自尊心、自信心受到打击，这都是教师人文素养缺失的表现。

在同学之间，大学生多是集体居住的方式，而体育教育专业学生无论在课堂、训练场、竞赛场还是寝室，彼此陪伴和互相帮助、共同克服困难的时光又比一般大学生多很多。在人际交往中，他们更具有团队意识和集体意识。在学习中，他们更能够模仿对方的优势，吸收优良的品质，建立稳固的友谊。良好的学习生活氛围，为人文素养培育了沃土。所以，人际关系会影响学生的学习效果，影响学生价值体系的形成和处事风格。拥有良好的人文素养能够规范和支配他们的行为，使学生完成正确的社会定位，最终实现于人文素养的提升。

2. 实践参与程度对学生人文素质养成的影响

人文素养的体现离不开沟通、交流和实践。体育教育专业学生的社会实践活动主要是学校组织的教育实习和体育竞赛、在校期间参加的社团活动、在班级担任的行政职务等。人文素养的基本准则是关心人、尊重人。只有在社会实践中，自身展开行动，而不是停留在想象中，才能真切地与不同的人群打交道，游走于不同的工作内容，才能慢慢学习，理性思考，才能懂得在不损害他人利益的情况下获得自身利益是正确的价值观。这才是人文精神的升华，人文素养提高的表现。体育教育专业的学生由于专业特殊性，社会实践机会相较其他学科更多，这是巨大的优势。所以，我们应该保持这种优势，使学生真的在群体中获得友谊和帮助，懂得奉献和牺牲，才能获得自身素养的提高。

3. 学生自身的特点对人文素质养成的影响

中国的教育处于应试教育和素质教育交替融合的时代，受传统体育思想的影响，体育教育专业学生并不能明确自己的身份和使命。大学体育教育专业主要是为中学培养合格的体育教师，这要求学生不仅要学好本专业也要学好理论和人文知识。但现阶段我国的体育教育中，仍是专业技术占主导，忽略了学生综合素养的培养。在进入大学前，73% 的学生表示从高中开始系统进行运动训练，20% 的学生从初中进行运动训练，剩余 7% 的学生从小学开始就接触系统的运动训练。体育教育专业学生由于体育项目本身的特殊性，在专业训练中消耗大量的时间和精力，致使他们不能完全把握人文知识学习和温习的时间。由于体能的消耗，更直接影响正常课堂的学习效率。最重要的一点，体育教育专业在高考招生中，分数较其他专业低很多，致使他们不重视人文社科知识的学习，导致对人文知识掌握不牢固，文化知识薄弱。文化知识是人文素养的基础，直接决定个人人文素养的高低。人文知识的薄弱必然影响到体育教育专业学生对事情的是非判断，使他们更容易受到社会不良风气的影响，导致信念的不坚定，形成错误的人生观和价值观。人文认识的不足直接导致学生在提高人文素养方面的不积极，不愿花费更多的时间和精力进行人文知识和人文精神的培养；也导致学生对不同的人文社科知识了解浅显，不能领略到不同文化带来的美的体会和智慧的碰撞，兴趣爱好就多集中在和专业相关的体育项目上，忽略人文艺术。

另外，体育比赛的竞争性、功利性也影响学生良好品质的塑造。体育教育专业学生吃苦耐劳，为了完成目标有坚韧不拔的精神，但为了取得良好的比赛成绩，获得荣誉，也容易形成个人主义，过度表现自己的现象，使团队成为自己获得成功的奠基石，这不仅会引发同学之间不和谐的人际关系，也偏离了正确的体育竞赛精神。种种表现都不利于学生人文素养的提升。

二、家庭层面

家庭对子女的影响是具有权威性的。家长不但是孩子的法定监护人也是孩子的首任教师，他们对促进孩子的价值观和行为态度，养成积极的学习和阅读习惯有很大的影响。在家庭层面对人文素养的影响中，主要包含家庭经济情况、家庭文化氛围和家庭成员之间的关系三方面。体育教育专业的学生认为最影响个人人文素养的是家庭的文化氛围，说明学生对父母及亲属的人文素养和文化底蕴对其的影响较为看中，意识到家庭的熏陶作用的关键性；家庭成员关系排在第二，说明学生看中家庭成员之间的相处方式，是和谐民主还是专制臆断，最能表现出人文关怀和人文精神的状况；家庭经济情况排在第三位，说明学生能够认识到人文素养不是短期的、金钱积累的结果，是需要循序渐进的积累和努力，是要靠自身的主动学习和培养才能够提升的，这是他们对提高人文素养方式的正确认知。

人文素养的标准不是物质和财富，因此，不同家庭对孩子的教育方式也千差万别。人文素养不是金钱的积累，贫穷的家庭可以培养知识渊博、品德高尚的人才，富庶的家庭教育不当也可能会让孩子养成很多社会陋习，或更看重利益，整体素养降低。受生育政策的影响，多数学生都是独生子女，被整个家庭赋予厚望，期待成才。在大环境的影响下，一些家长更看中的是孩子的成绩，获得的奖项，而孩子的理想、兴趣和人际交往却被忽视。这种失衡的培养方式，浇灭了他们主动学习的兴趣，从而造成孩子的人格缺陷，不利于孩子的全面发展。正确的家庭教育和温馨和睦的家庭环境，能让孩子轻松健康的成长。感受到更多爱和温暖的同时，也会自觉地对他人、对社会奉献爱心。孩子置身家庭浓厚的人文气息中，才有助于人文素养的积累和提高。

三、学校层面

学校对学生人文素养的影响是多方因素综合的结果。在学校层面学生认为影响自身人文素养的首先是专业教师的素养和学校课程的设置，其次是学校的办学理念、人才培养目标和校园环境，最后是学校的招生制度。

1. 学生招生制度对学生人文素质的影响

招生制度是否科学、合理，是保证新生质量的关键。大学的基本任务是输送大量高素质、高人格的有用之才，体育教育专业的招生考试是培养大学体育教育专业的第一步，这直接关系到培养出来学生的质量。体育教育专业所在的体育院校的立身之本在于输送体育人才，这就决定了选拔人才的重要尺度是运动成绩，这从最根本上忽略了对学生人文素养的考核。在招生考试中会规定体育分数线和文化分数线。由于体育项目测试更加的严格，测试项目繁多，并且提前于文化考试，学生会将大量的精力和时间用于项目训练和体能提高中，而进行文化学习的时间和精力就会减少。更重要的一点是，在规定的文化考试分数中，要远远低于报考学校正常的招生标准。于是报考体育教育专业的学生也基本有以下两种：一种是从小从事运动训练的专业运动员，接受文化课教育较少，文化成绩偏低；另一种是各科文化课成绩一般，身体素质较好，为了考上大学，被动地接受高考冲刺，进行强化训练的普通生。这些学生首先在心里降低了对文化考试的重视，认为在高考最后的几个月进行冲刺就可以分数达标。这导致学生减少了平时对人文知识的积累，最终的结果是学生文化知识掌握不牢固，知识面狭窄，严重地制约着体育教育专业学生人文综合素养的发展与提高。

2. 体育人才培养对学生人文素质的影响

体育教育专业的培养目标是：本专业培养德、智、体等全面发展的，具备系统地掌握体育教育的基本理论、基础知识技能，具有较强的实践能力，能够在中小学、幼儿园从事体育教学、课外体育活动、体育竞赛和体育训练的高素质、高技能的专门人才。

长期以来，采用“通才”教育还是“专才”教育，一直是高等体育人才培养领域争论的焦点。但是面对课程改革进程的加快，为了适应社会的发展，体育教育专业忽视“通才”教育，就是对人文素养培养的缺失。在体育教育专业学生就业压力日趋加重的情况中下，“专才”目标的制定会影响领导和教师的教学观念，始终认为体育教育专业的学生应着重培养运动技术，这种倡导实用主义的教学理念，导致整个学校从根本上对人文素养培养认识的不足。当开展提高人文素养的相关活动中，就会停留在活动的表面，注重形式，忽略学习结果。学生的一言一行都受到学校和教师的影响，这些现象会直接作用于学生本身，形成不良循环，使他们无法认识到提高人文素养的必要性。对人文素养认识的不足，也是他们缺乏自主提升行动力的根本。

3. 学校教学思想对学生人文素质的影响

体育是文化的组成部分，在文化大繁荣主题思想的指引下，更应该将人文教育和人本体育提到更高的高度。体育院系现在存在的问题主要是大多依旧遵循“专才”的教学思想，过度重视体育教育专业学生的运动成绩和专业技能水平，人文意识相对薄弱，对人文素养培养的热情较低，同时又受到师资力量的限制，甚至不具备开设提高学生人文素养课程的条件，最根本的是限制了学生接触人文知识的途径，不利于学生人文素养的形成。

4. 教师对学生人文素质的影响

大学教师群体是实施大学素质教育的根本保证。邓小平指出："一个学校能不能为社会主义建设培养合格的人才，培养德智体全面发展、有社会主义觉悟、有文化的劳动者，关键在教师。"大学教育是较高层次的教育阶段，相对应教师素质的要求远比初等、中等教育严格，其要求标准也高得多。专业课教师的教学能力、育人能力、训练工作能力、裁判工作能力和科研创新能力等综合素养在一定程度上影响并决定学生的个人素养。提高教师的综合素质，需要在教学中将专业素质教学和人文素养教学有机结合。

（1）体育教师的来源

专业的教师人文素养整体水平参差不齐，成了制约人文素养在大学推行的瓶颈。体育教育专业学生的专业课教师来源主要可以归为三类，一类是在本校学习，毕业留校任教的。这一类教师综合素质高，各方面优秀或有一定专长，大部分教师又经过继续学习、进修或培训，获得了更高的学历，丰富并更新了知识的储备。但也有部分教师，知识积累本就薄弱，又不重视学习和更新，对学生的影响自然不能尽如人意。另一类是各地大学分配或通过竞聘而来的。这部分教师水平不一，但大多专业技术水平好于理论水平。还有一类是国家队伍或者地方体校退役的职业运动员经推荐进入大学任教的。这一类教师从小就接受比较严格的运动训练，以专业训练参加比赛为主，文化课基础薄弱，没有接受过系统的教育学习和文化知识的学习，他们的教学方法单一，以致学生不能从教师身上感受人文素养的外在表现和内在流露，也会忽视自身人文素养的提高。

（2）社会地位对教师的不良影响

体育类教师的社会地位不高，客观上有历史渊源，主观上也来源于人们的偏见。主要体现在三个方面：首先，对体育教学本质的错误认识，单纯地认为体育教学就是简单的身体活动，体育教师就是身体活动的组织者；其次，许多人的体育知识匮乏，认为体育就是单方面的某个运动，会一个项目，如篮球，就能当体育教师，不认为体育教师也是理论、科研和技术的结合；最后，就是一些教育行政部门乃至学校领导对体育功能认识的缺乏，没有充分意识到体育课程无法被其他课程替代的特殊性，常常会对体育资源进行挤占和挪用。

这些影响教师社会地位的现象，最终会影响教师工作的积极性和主动性。一些教师会产生怨天尤人的情绪，职业责任感削弱，不再全心全意的进行教学研究，恶性循环，消极的态度让教师丧失自我提升的意识，只停留在传授技术的水平上，不具备真正育人的能力。这些使得受教学生只能片面掌握技术知识，而不能发展情感、意志等人文因素。

（3）社会经济对体育教师的冲击

1999 年扩招后，大学对体育教师提出了更多的要求。教师的薪资水平受到工作职称严重限制，使得教师除了上好每一节专业课程外，为了获得高职称，开始把精力投放在做课题和发表论文上，出现了应付教学的现象。另外，伴随着市场经济的高速发展，人们对职业的认可不再停留在获得社会尊重。体育教师工资低，大学教师薪酬分配不均，这些导致一些能力较强的教师纷纷下海经商投入其他行业，极大地造成大学体育教师的人才流失。

5. 课程因素对学生人文素质的影响

体育院校的课程是制约学生人文素质的重要因素。课程设置是充分利用教学资源，合理发挥教师水平，最大地体现地方特色，最终培养适应社会需求的高素质、复合型人才的保障。专业课程开设种类、专业课程课时的时数，公共选修课种类和时数都影响着大学体育教育人文素养水平的提高。针对目前的课程设置可以总结出以下问题：

（1）我国规定了体育人文社会学类主干课程分别为体育学概论、体育社会学、体育心理学、学校体育学、体育教学论。但是，这些主干课程教材在编写上过于注重单科内容的科学性及逻辑性，缺少各课程教材之间在内容上的协调和串联关系，从而使得教材内容出现多次重复，在一些概念、术语上不统一，也造成了师资的资源浪费，影响教学效果，使学生对人文素养的认识出现偏差。

（2）人文课程的选修课程数量少且所含内容狭窄，人文类课程管理不严格。体育教育专业学生对音乐、美术、表演、劳技等课程都有所兴趣，但是受到课程时数和学分的限制，导致学校对隐性课程的开发不够重视。在开设的人文选修课中多是广泛的文化艺术，内容随机性强，学生学习到的人文知识存在混乱，并不能达到理想的人文学习效果。

（3）国家对人文课程支持的力度小，导致人文教师数量少，尤其是体育学院。人文课程缺乏学术带头人，教师对人文课程的探索就比较片面和浅显，工作激情较低，在缺乏人文气氛的状态下，人文课程只是单纯的人文知识传授，而忽略人文精神的培养，学生对人文素养的理解也只能停留在表面阶段。更甚的是，一些体育教育专业所在院系不具备开设提升学生人文素养课程的条件，这直接限制了学生接触人文知识的途径。

以上原因都不利于学生人文素养的形成和升华。当今中国的教育存在的一个严重的问题就是太急功近利。大学已经由一个人才培养的摇篮逐渐演变成职业培训的场所，迫使学生也把职业培训当成了上大学的主要目的甚至是唯一目的。这种人文教育缺失的表现，是受到人文精神直接影响的。我们常说教育是有灵魂的，而她的灵魂就是人文精神。就是这种“灵魂”决定了教育所肩负的使命和责任，确定了人才培养的目标和标准。当教育没有了灵魂，那就是徒有其表的教育。英国哲学家怀特海说：“在古代的学园里，哲学家们向弟子传授的是智慧，而在近代的大学里，卑微的动机就是教授各种科目，这就标志着教育的失败。”

6. 校园环境对学生人文素质的影响

大学校园是人才的摇篮，是人类文化传递、发展与创新的重要基地。它既是一个教育环境，又是一个文化环境。学校精神文明建设的外在表现就是我们常说的校园环境。在提高学生人文素养的方法中，校园环境所产生的影响是直接的、全方位的、主动的，产生的促进作用并不少于被动的接受教育。校园环境应该是营造文明、健康、高品质、高层次的文化氛围及精神氛围。一般意义上的环境因素可以分为两类，即软件环境和硬件环境。大学校园的软件环境包含校园文化氛围、图书馆开放、论坛会议的开展等，硬件环境包含运动场馆、运动器材及图书馆质量等。当学校经常举办一些读书活动和人文讲座时，学生会感受到学习氛围，树立人文意识，主动涉猎不同的文化知识，弘扬人文精神；当加大力度开放图书馆，引进更多优秀的全面的书籍时，也会吸引学生走进知识的海洋，提高学习兴趣，自然而然的提升个人人文素养。在社会主义经济条件下，市场经济将一些消极因素带到了校园文化中。在金钱与事业、奉献与索取等人生重大问题上，校园环境的灰色面也为学生的选择增加了干扰。例如，院校领导为了一些会议和活动占用学生的运动场馆，甚至是上课时间，会极大地影响学生学习态度，产生逆反排斥心理，消极对待，形成恶性循环，这就是对人文精神的不良影响。

四、社会层面

社会是个大家庭，我们在它的熏陶下学习、工作与生活，它对学生的影响是全方位、多方面的。目前社会对体育教育专业学生的影响主要表现在日趋增长的就业压力和网络上。而学生认为就业压力已经成为影响自身人文精神和素养的重要因素，其次是社会的人文氛围和网络文化的侵蚀。

1. 市场经济体制下，就业压力的攀升

在全球一体化和商品经济化的时代，社会结构发生着重大改变，新旧思想在进行激烈的对抗和融合，直接导致学生的价值观和人文精神的差异越来越大。科技的进步和经济的高速发展为我们提供了更优越的物质条件，人们的生活水平有了很大的改善，温饱和小康已经不再成为人们唯一的追求。这时，拜金主义、享乐主义、极端个人主义开始在社会这个大熔炉中不断膨胀，人文精神、价值观持续被错误的思想压榨、吞噬，人格扭曲、道德沦丧的事情时有发生。学生受到不良思想的影响，对自身定位开始摇摆，出现各种行为失常的表现，心理的不平衡，使他们更难把握自己的想法和行动，低素质、低人文将成为他们的标签。

近年来，大学毕业生一直面临着“三峰叠加”的就业局面。毕业生数量、社会下岗失业人员数量、农村劳动力向城镇转移的三座大山形成了就业的严峻形势。就业市场长期供大于求，用人单位门槛提高，学生的就业期望与市场需求存在巨大反差，这些现象让学生更加迷茫，造成价值观不断偏移。从毕业生的就业结构可以看出，学生专业和社会需求存在巨大矛盾。学生学习专业性过强，所学专业保守，毕业生数量反而庞大，社会需求量不能满足岗位需求。

一方面，体育教学课程结构单一、教学内容重复，缺少层次、教学评价形式化等现象严重，专业口径狭窄，知识构成单一，导致除体育教师岗位外难以胜任其他职业需求，这些问题的现状要求学生必须认识到自身人文素养的重要性，争做“通才”。另一方面，随着体育产业化进程加快，健身俱乐部、运动康复中心、体育竞赛表演等行业发展飞速。这些产业为体育教育专业学生提供更多就业机会，能够利用身材优势和掌握的运动技术及特长，并在较短时间内获得可观的收入的工作形式，使他们陷入膨胀。过于想证明自己的实力、渴望尊重，使得他们世俗化、利益化。学生对能带来金钱和虚荣的专业知识加倍重视，对人文科学知识弃之如履，认为可有可无，严重影响了学生人文素养的培养。面对复杂的社会，面对日益严峻的就业形势和就业竞争，面对国家需求、个人意向、有限的供职岗位、多样的工作环境等多元素组合的职业选择，已成为每一个涉世不深、社会经验缺乏的大学生们最为困惑的难题，人文素养的培养迫切需要提上日程。

2. 人文意识淡薄，网络文化影响加重

发展经济，促进科技进步是现代社会的主流思想。新闻、报纸和国家政策对此的宣传和鼓励深入人心，在优秀的中华传统文化知识和高尚的民族精神、正确的行为准则方面的推广、投入力度相对弱小。人们被物质生活和个人享乐所俘获，而对精神和道德的追求被日益埋没，整个社会环境都表现出人文意识的低迷，这是对培养人文素养，弘扬人文精神的阻碍，影响着社会的每一个人。

鉴于互联网更新速度快、涵盖内容广、查阅便捷的优势，让人们在生活、学习、工作中更加依赖。我国的网民以每年 34 倍的数量剧增，大学生和未成年人成为网络平台使用的主力军。互联网文化是一把双刃剑，提供便利，解放思想的同时，也将一些社会阴暗、暴力的信息传递到学生的大脑里。作为一名大学生，由于缺乏阅历和体验，还没有形成系统稳固的价值观、人生观，缺乏明确的是非判断标准，而网络信息来源繁杂，立法的空白和监管的松散，以致正确的错误的信息相互纠缠，沉迷在网络里的学生会被网络的不良信息迷惑，从而导致价值观混乱。网络是一个虚拟的世界，在这里每个人都是平等的。当学生在现实中受到挫折后会选择躲避在网络世界中，享受虚拟的满足，灵魂慢慢脱离。这种消磨时光的散漫生活，让学生们忘记自己肩负的使命，失去人文精神。

第三章　大学体育人文教育的理论与实践

第一节　大学体育人文教育概述

一、体育人文教育的界定

随着各国开始教育的改革，人文教育的地位也逐渐提升，国内学者胡小明先生根据格改革的方向，提出了“人文体育观”，随着这一观点的提出，体育人文开始被更多的人关注，

由于“人文体育教育”是新提出的观点，在概念上还未在国内达成统一，其中代表性的观点有马卫平教授的“人文体育，是以人为目的，以文为手段，实现人文关怀的体育”；翁中清老师的“人文体育是一种神明怡然的生活哲学，它的灵魂彰显一种精神的神怡”；贾钧先生认为“人文体育是一种以寻求人的生命本体为基础，以尊重人的生命的尊严和价值为前提，以人的生命的整体性、和谐性发展为目的的理想的观念”；韩会军、刘会深总结为“人文体育旨在人文主义思想的矿下架来讨论人文体育的价值意蕴”；童绍岗、孙麒麟、周宁认为“人文体育即是体育演绎的文化”。

上述代表学者的观点虽然对“人文体育”的概念各有不同，但是深入理

解可以发现其本质是相同的，都是立足于人文，以“以人为本”的体育基本观点，核心是表现体育对人类生存意义及价值的终极关怀，强调在对体育的认识中倾注以人为本的人文精神。

总而言之，根据以上观点，可以确定的是，体育人文教育包括两层含义，一是以人为本的教育，体现体育对人的终极关怀；二是体育文化教育，即指体育精神文化教育。是以人文体育思想为指导，以体育文化建设为载体的体育文化教育。

二、体育人文教育的起源和发展

1. 体育人文教育的起源

体育人文教育最早的提出来自古希腊，“灵与肉”的观点辩论，被广大学者认为是体育人文教育的启蒙。苏格拉底指出，灵魂和肉体是二元的，是偏重于身体的，他说：“不能表现身体的力量和美是一种耻辱。”“每一个市民绝不能成为体育的门外汉，应该具有最坚实的身体条件，一旦国家危机便能随时出征，尽自己保卫国家的义务。”

在柏拉图眼中，灵魂和肉体是独立又互有联系的两个存在个体，但是他强调“陶冶灵魂比发展身体更重要”“肉体是灵魂的监狱”这两个观点，并在其著作《理想国》之中再一次强调，“体育精神是一种最为高贵的精神，接受体育锻炼就是接受教育。即人们从事身体锻炼，可以净化灵魂，获得道德上的提升，在本质上是接受教育”。

在“灵与肉”的辩论中，亚里士多德和苏格拉底的观点并不相同，他认为，灵魂和肉体是一元的，健康的心态取决于健康的身体。他认为“阅读、书写和绘画是在各种生活中有多种用途的，而体育锻炼则被认为是可以鼓舞勇气的”，他的观点将重点放在了培育智力和道德上，认为体育不仅要发挥锻炼身体的作用，还要在人们心智和道德修养上发挥作用。尽管在灵魂和肉体的观点上有些许的不同，但是这些哲学家在体育教育的认知上，都有着相同的，想要达到的目的。在这种思想环境的衬托下，雅典教育在发展中形成了极有特色风格的自由教育模式，对整个希腊的教育方式和体育思想架构都产生了重要的影响，在培养人才方面发挥了无可替代的作用。雅典人认为“教化是形成善的根本，体育锻炼了人的身体，培养了人的勇敢品质，是追求卓越的一个途径”。

在人类的发展过程中，纵观历史走向，“人要实现平衡发展的目标”这一结论最早在雅典被提出，在雅典教育的发展中，认为只有实现了身体和精神上的共同发展，人才算实现了平衡发展的目标，成了“完整”的人。雅典人在教育上关于“理想人”“完整人”的教育理念，指出了人文教育的本质，为现代人理解及进一步探索人文教育提供了帮助。除此之外，雅典人认为“体育不仅促进了人体的健康，而且还是培养人的勇敢品质，追求卓越的一个重要途径”。第一次提出了将体育精神文化教育列入自由教育，使之成为需要完成的目标之一，这一举动标志着体育人文教育体系雏形的建立。

2. 体育人文教育的发展

14 ~ 16 世纪，欧洲掀起了一场思想文化运动，史称“文艺复兴”。这一思想运动的核心是“人文主义精神”，指出世界的中心是人，而不是神，即以人为中心，肯定人的价值和尊严。主张人生的目的是追求现实生活中的幸福，倡导个性解放，认为人是现实生活的创造者和主人。这一观点的诞生，促进了体育人文教育的发展，使得体育人文教育理念得以顺利发扬传播开来。借此机会，拥有超前意识和进步思想的学者和教育家门从新兴资产阶级的利于和人性论出发，摆脱宗教统治，冲破神学思想下的蒙昧教育，提倡以人为本，宣扬人的价值和作用，提出自由平等的个性口号，将“身心健康、知识广博、多才多艺”作为人才培养的新的教育理想。

在这样的社会背景环境下，体育人文教育被大力倡导。在这其中，效果和影响力最为明显的是维多里诺的“快乐之家”，他主张“重视儿童身心和谐发展，并倡导体育与德育一样重要，尤其是跳舞、游泳、游戏、赛跑等项目非但不会损害而且会促进学生健康发展”。他的观点是立足在他对人性的理解之上的，是已经深入理解了人的发展和理想教育的观点后提出的。他对教育界的贡献是巨大的，是人文主义教育的理论和实践的奠基人，被后人尊称为“仁爱之父”。

体育人文教育得以顺利发展，人文教育思想传播顺利开展都离不开思想启蒙运动时期倡导人文主义和在这一时期提倡的民主教育及自由教育。文艺复兴时期，自然科学大力提倡并得以发展，这一时期，人体的各种科学研究十分盛行。各行各界都立足于人文主义，在其基础上进行科学研究，并收获了丰富的成果。比如说，在 1543 年，《人体结构》一书被比利时医学家阿维萨里出版发表，1649 年，《论血液循环》的出版为西方的医学提供了更多的研究方向，其作者是英国的生理学家威廉·哈维，他的这一本著作推动了西方人体科学的进一步发展，同时成为了鼓励欧洲人民进行身体运动的科学理论基础。这些著作是文艺复兴运动下人文主义发展的成果，它们的相继出版促进了众多人文主义思想家、教育家的出现，民主教育和自由教育也在此基础上开始逐步建立。当时，很多人将精力投入到了教育领域，如夸美纽斯、洛克、卢梭、爱尔维修等人，这些人都受人文主义思潮的影响，将精力投入到体育教育中，进行研究开拓。这些人中，最具代表性的人物要数洛克，他的观点推动了体育人文教育的发展，他主张“健全的思想寓于健全的身体”，并认为体育教育应该包含骑马、跳舞、击剑等类型的体育项目，在课程上传授给学生知识和技巧，这一类的体育项目在洛克的眼中都有着共同的特点，即都能提高学生的修养和品性。除了洛克之外，其余的教育家也在教育领域做出了不少的贡献，他们宣扬人文主义，提倡“自由、平等、博爱”的人文主义口号，在培养和发展人们的德育教育中，探讨了体育的教育功能和价值，推动了体育人文教育的发展。

3. 体育人文教育的衰退

人文教育的思潮在工业革命之后逐渐衰退，工业革命之后，科学主义逐渐成了社会的主流文化思想。1840 年，工业革命率先在英国爆发，不仅让人们看到了先进的科学技术带来的好处，还促使了人们对科学技术的盲目热爱，引发了科学技术的大发展现象。科学技术的发展和工业化不断迈进的脚步，使人们的生活水平呈直线状上升，生活质量也越来越高，丰富的物质产品，填满了人们的需求，满足了人们的欲望，推动着人们不断投身于科学教育，越来越多的人发现了科学教育的好处，人们开始将重心逐渐转移，人文教育便从这一时期从辉煌走向了衰落。

在这样的社会背景下，科学主义的发展是具有功利性的，也进一步影响着体育的生物价值和政治价值。体育是和政治、科技息息相关的，在发展中，德式体操是体育的最佳载体，这一时期，体育的军国主义性质十分明显，整个东亚都受到影响。这一时间，由于东西方之间的交往，西方体育便流入了中国，并得到了国家的认同，民国政府在西方体育流入中国的当年便提出要求国家推行军国主义教育，在各级学校中都要得到重视，兵式体操在这时期被政府大力宣扬，极大地发挥了体育在军事上的作用，这种现象是体育和军事同教育三者结合后的产物。

4. 体育人文教育的复兴

当代科学技术主义与市场经济的发展暴露出的弊端，引起了社会各界关注人文教育，体育人文教育随之复兴。在科学主义与市场经济繁荣发展的背景下，功利主义、享乐主义、自由主义、虚无主义、拜金主义等思潮开始侵袭人们的思想。面对社会上一些人际关系淡化、道德滑坡、信仰危机、孤独、心理失衡等问题，许多国家已经意识到，忽视人文社会科学、忽视人的精神塑造的教育是不完全的教育。人文教育开始得到了重视。在体育教育领域，经过了长时间开放的中国体育界，国际体育文化交流频繁，中国人亲历西方体育，对体育中的人文关怀有更多感受和体会，旧体育观念中的工具理性也不得不发生变化。

自 20 世纪 80 年代以来，在改革开放的背景下，我国学校体育在全方位学习和借鉴各国的体育思想文化后，确立了大体育观，也称为三维体育观，在此观念的指导下，先后出现了快乐体育、成功体育、素质教育、终身体育和健康第一的体育思想。其共同的特征就是将学校体育作为一个系统，从生物、心理和社会三方面开发体育的功能，促进学生的全面发展。1997 年，中国体育学科首次设立了体育人文社会学学科。在 1999 年，胡小明提出“人文体育观”，并主张“新世纪呼唤体育以人为本，体育不能无‘人’的理念”。随后，便掀起了体育人文教育研究的热潮，宋继新、裴立新、肖焕禹、卢元镇、周登嵩、杨文轩、姚蕾、陈琦、冯霞、石龙、袁旦、马卫平、何劲鹏等专家、学者，不断推陈出新，在该领域研究中积淀了丰硕的研究成果。

三、大学体育人文教育的含义

在体育人文教育的推广过程中，人们对小学和中学的体育人文教育改革关注较弱，绝大多数的资金和关注力都投入到了大学体育和人文教育之间的研究中。这种现象表明了大学是体育人文教育关注的中心，也是实践体育人文教育的逻辑出发点。

而大学体育人文教育的概念界定，学者赵嗣庆、陈湘丽和冯海峰、刘志刚分别在 2009 年和 2010 年发表的文章中阐述过。在 2009 年赵嗣庆、陈湘丽两人的《推进大学体育人创新教育的研究》中，他们指出“高校体育人文教育是在高校中对大学生进行全面的体育人文教育，使经过体育人文的熏陶的大学生理解体育的本质，理解体育对人的终极关怀的意义。在体育锻炼的同时，把体育精神贯彻到日常生活中去，使我们的个体和社会得以健全和发展……”。冯海峰、刘志刚 2010 年在《我国高校人文教育及其实践》一文中发表了自己的观点，他们认为“高校人文体育是以人本理念为指导、以学生为主体、充满人文精神的全面育人的体育，它是高校教育和校园文化的基本组成部分，内容广泛且具有综合教育优势与功能，是塑造完整的人的重要方式”。

综上所述，大学体育人文教育的概念是以人文关怀为导向，经过规范设计的大学体育文化为载体，濡化体育的文化内涵和人文精神，以潜移默化、润物无声的方式影响学生，促进学生体育文化素养形成和自由而全面发展为目的的体育文化教育。

四、大学体育人文教育的内容概述

大学体育人文教育的具体内容大致可以分为两方面，其一是体育人文素质教育；其二是体育人文精神培养。

在体育人文教育中，体育人文素质教育是很重要的内容，它属于人文素质的一部分，具体可以解释为某一个人在体育方面中表现出来的综合素质。它具有广泛的范围，其内涵包括一般的人文素质，但又具有鲜明的特点。体育人文素质教育的内容包括体育道德修养、体育礼仪修养、体育美学修养及体育史学修养等。随着科学技术的不断发展，社会对体育人才的要求也越来越高。具体表现在：第一，强调具备扎实的体育技能和技术；第二，强调具备优秀的体育人文素质。因此，根据现阶段的体育发展状况和体育教学的实际情况，培养和提高体育专业学生的体育人文素质的作用及重要性不言而喻。

在体育人文教育的实践中，除了要重视体育人文素质教育，体育人文精神也是体育人文教育中重要的一部分。从概念上对体育人文精神作出解释：大学体育人文精神就是人文精神在大学体育实现自身价值过程中的表现。就是指大学在一定的社会历史条件下，为实现教育目标，在长期的大学体育实践中逐步积淀、整合、提炼出来的，反映大学广大师生员工共同的健身目标、理想信念、体育传统和行为准则的价值观念与群体意识。

大学体育人文精神是体育人文教育的一部分，是为了发展大学生身心健康，全面发展的途径，通过大学体育实践活动体现出来，潜移默化地影响大学生的校园生活，进而树立“真、善、美”的崇高理想价值。努力实现大学生全面发展的最终目标。

大学体育人文精神大多是通过体育相关的活动而体现出来。这是现代化大学的本质决定的，如今我们的高等学府——大学，具有传承文化、培养人才、科学研究、服务社会等多种特性。大学体育人文精神围绕着体育文化而进行传承和融合，进行创新与应用等活动，同时这些活动还要具备较高的文化层次和水平，必须体现出大学和高等教育等的特点，符合这一阶段受教育者学生的年龄需要。这些活动的作用不可小觑，它们即是大学体育人文精神的载体，也是大学与体育结合而成培养学生的平台。

在开展大学体育人文教育的实践中，体育人文精神是体育人文教育的核心，培养大学生的体育人文精神，建立起完整的人文精神体系，增强大学生的坚强意志，提高大学生的素质，给予其与困难和挫折抗争的信念和勇气，帮助其养成团结合作的意识和遵纪守法的道德品质，以更好的姿态面对大学生活，以身心健康、全面发展的样子步入社会。在大学体育教育的教学目标中，要想实现人文教育的推广，需要大力弘扬人文精神，宣传超越自我精神、追求“更高、更快、更强”的理想，树立团结的合作精神，培养团队合作意识，提倡赛场公平竞争、友谊第一比赛第二等人文精神。这些都体现了现代大学体育对大学生体育人文精神的涵养作用和相应的要求。大学体育人文精神的建设主要是通过大学体育课程与大学体育竞技即大学高水平运动队的训练与竞赛两个途径来实现。

五、大学体育教育中人文教育的重要性和必要性

（一）大学体育教育中人文教育的重要性

1. 满足学生合理的体育需求

大学体育人文教育理论首先可以满足学生合理的体育需求，以人文关怀为主要教学内容指导，能够合理地对学生体育运动等方面作出规划和安排，进而用以实现学生达到一定的运动量锻炼。此外，大学生体育课程内容按照人文教育为指导，从学生角度出发，设计适应学生锻炼的体育内容，让活动开展得更加有针对性，以突出其体育运动作用和优势。

2. 促进学生体育行为自由自觉

大学体育人文教育理论可促进学生体育行为自由自觉，学生可以在没有特定规矩和压力以及运动任务的氛围中自由地进行活动，能够促进学生身体、心理健康发展。本身运动就要在一定的自觉自主氛围中进行，强迫下的锻炼很难达到较好的效果，因此，在体育课程中教师不应当过度强调课堂纪律，只要学生学会了所要学习的课程内容后便可进行自由活动，学生可就自身喜爱的运动项目展开锻炼，以此来加强体育课程中学生的活动量。

3. 完善体育教育理论，提高体育教育的完整性和系统性

大学体育人文教育理论还能完善体育教育理论，提高体育教育的完整性和系统性，并有利于大学文化的创新。在实际教学中强调了人文关怀是传统教学理念所没有提出的，而这种开了先河的教育观念能够给予学校教育广阔的发展空间。

4. 中国特色社会主义发展的需要

大学体育教学中注重人文教育是促进社会和国家向前发展的重要手段。联合国教科文组织在 1989 年时，曾在北京召开“面向 21 世纪教育国际研讨会”，这次联合国教科文组织会议的主题被定为“学会关心”，旨在全世界范围内强调人文主义教育，在这次会议中，人文教育受到了与会人员的普遍关注。如今，中国特色社会主义正在快速健康发展，在科学发展观的指导下不断迈向新的台阶。而以人为本正是科学发展观的核心要义，强调在社会主义发展过程中无论任何方面都要注重以人为本。基于此，人文教育被教育界重视，注重学生精神世界的塑造和发展，促进学生素质教育成为当今教育的主题。在大学体育教学中，一方面注重培养学生的身体素质，另一方面促进学生心理与文化素质的增强，正是为国家培养全面发展的优秀人才的必由之路。因此，在大学体育教学中注重人文教育，使学生既有健康的体魄，又有足够的心理与品德素质，同时具备相当的人文知识关怀，才能不断发扬民族文化，促进中国特色社会主义的不断进步。

5. 大学体育教学观念转变的需要

在当下，人文教育已经成为国家与教育界越来越重视的一环，大学体育教育中注重人文教育自然是应有之义。大学体育教学中，人文教育具体要求就是在体育教学中培养学生的人文主义精神，用体育教学的思想、内容、方式去实现人文主义。例如，“以人为本”的教育观念的落实，战胜自我、超越自我等价值观的提倡，培养具有优秀的品德修养与气质修养等。体育教学中融入人文教育，注重将体育教学中的精神内化为学生自身的品格与人格修养，从而建立健康向上的人生观、价值观与世界观。传统的体育教学中，仅仅以增强学生体质为目标，而在人文教育理念下，要通过体育教学将科学的思维方式、价值理念、道德情操传授给学生，注重学生精神与心灵世界的塑造。在大学体育教学中纳入人文教育，是将生物体育观念转变为综合体育观念的有效途径，因而进行人文教育是大学体育教育观念转变的需要。

（二）在体育人文教育中开展人文素质教育的必要性

1. 人文素质教育是社会进步的必然

人才培养的功利化取向历来是我国大学教学的重要关注点，在这样的人才培养环境中，人文精神教育空间被一再压缩，大学思想政治教育、心理健康教育也受到影响。真正的教育是尊重知识与人文教育的联系的。再则，新课程改革所主张的各种教育理念都主张在科学文化教育中贯穿人文素养教育，将人文素养教育融入知识和技能教育中，也应是大学教育理念的核心。加上大学体育教学在振兴青年精神、提高心理韧性方面有着重要作用，因此，可以说，如果体育教学不重视人文素质教育，培养出来的大学生在身心上也将是不健全的。这就要求大学要顺应时代潮流，提高认识，用人文素质教育拓宽大学体育教学的外延，用人文素质教育增强大学知识教育的实用性，以培养出更多德、智、体、美、劳全面发展的复合型人才。

2. 体育教学的内在需求

改革开放以来，我国大学体育教学重心由基础技术教育不断向健康知识教育转变，教学改革更是要求通过体育教学使学生成为心理健康、体形健美、人格健全的“会学习、会做事、会做人”的人。由此可以看出，新时期体育教学目标与人文教育的终极追求有着高度的一致性，这也决定了大学体育教学改革必然会与人文教育有着扯不断的联系。再则，大学体育教学具有一定的特殊性，它不是一个孤立的学科，大学师生如果文化功底差，很难正确理解体育专业知识，如果没有人文精神，则难以提高自身运动技能。将人文素质教育融入体育教学中去，可以说是提高教学效率、巩固体育教学成果的客观需求。

3. 学生自我发展需求

在体育教学中渗透人文素质教育，会让大学生受益终身。科学研究表明，个体事业的成功，取决于其智商，也取决于其情商，人文素质教育可给个体兴趣、性格、意志等诸多非智力因素带来积极影响。将人文素质教育贯穿到体育教学中去，可以丰富体育教学的内涵，使学生个性得到张扬和释放。结合当前大学生身心素质现状来看，人文精神缺失、人文素质较低，不是个别问题，而是一个普遍性的问题。这与大学人文素质教育缺失有关，这也呼喊着人文素质教育的回归。而对于大学体育教学来说，在体育教学中融入人文素质教育，不失为一条促使大学人文素质教育复苏、提高学生人文素养的有效途径。

第二节　大学体育人文教育的要素

大学体育人文教育的外延是反映在概念中的具有相应特有属性的全部对象，即具有概念内涵的所有对象构成的该概念的外延。大学体育人文教育的实质是以人文关怀为导向的体育文化教育，其载体是大学体育文化，其内容构成要素是经过规范设计的大学体育文化，濡化体育的文化内涵和人文精神而成为大学体育人文教育的要素。

文化学有着“四分法”的概念，根据此分类方法，可以将大学体育人文教育要素分为以下几类，分别是大学体育的精神文化教育要素、大学体育的物质文化教育要素、大学体育的制度文化教育要素、大学体育的行为文化教育要素四类。

在这四项之中，核心和灵魂是大学体育精神文化，它是人文教育和大学体育之前的深层内容，作用深远，必须依附载体才能实现教育的价值。此外，大学精神文化能够通过外化，反映出大学体育的物质文化、制度文化和行为文化，进而彰显大学体育人文教育特有的魅力和文学底蕴。

一、大学体育精神文化教育要素

在一定的社会条件推动下，大学体育精神文化从学校体育教育中被提炼出来，并完成了从诞生到发展的过程，它被整合出来的目的是为了实现教育目标，能够反映出大学想表达的价值观和信念，是一种意识形态。

大学精神文化的存在形态是不固定的，可能是一段文字，也有可能是人们之间的一些简单的共识，它以物质形态、管理制度、行为方式体现和表达，弥漫在大学校园之中，以其所特有的最积极的教育因素，引导、影响、鼓舞着每一个学生的心理和行为方式。

大学体育精神文化要素包含三部分，分别是大学体育理念、大学体育精神、大学体育道德。大学体育理念包括大学体育使命观、大学体育育人观和大学体育发展观；大学体育精神包括爱国主义精神、团结友爱精神、拼搏进取精神、人文体育精神等；大学体育道德包括集体观念、公平竞争、民主平等、责任感、组织纪律、民族情怀等。

二、大学体育物质文化教育要素

大学体育物质文化是指为了满足大学生在大学中参加体育实践，进行体育活动而创造出来的各种器械和设施。但是大学体育物质文化所指的是特定的物质，是能够反映大学的发展历程，彰显大学精神和品味，体现大学教育理念、审美风格和追求的设施，既要体现大学的文化特色，又要能够侧面反映体育文化的先进情况。

具体教育要素归纳为：①体育场地设施建设，如体育场、体育馆、室内和室外的体育器材等；②体育性代表标识，包括体育活动研发的吉祥物、名称、体育标识、体育名人名言、体育口号等；③可以宣传体育文化的平台，例如校园网络平台、校园广播平台、体育音像制品、体育报纸杂志、体育图书、体育专栏等。

三、大学体育制度文化教育要素

大学体育制度文化的概念通过字面就可以简单理解到，即在大学内通过长期的体育实践活动而形成的一种规范性的制度文化，既包括严格的规章制度，也包含在长期体育实践活动中形成的风气与习俗；既包含了制度性也囊括了自由性、习惯性。虽然是制度、规范，但是并不具备强制性，并不是僵硬的、冷冰冰的规章制度，在执行实践时，要发挥引导、教育的作用，灵活地管理运用，进而形成良好的传统和风气。

具体教育要素归纳为：①体育组织机构，包括运行机制、管理方式；②体育管理制度，包括体育课程教学管理制度、体育社团管理制度、日常体育锻炼管理制度、校园体育活动管理制度和体育训练与竞赛管理制度；③体育传统与风气。

四、大学体育行为文化教育要素

大学体育行为文化是大学生在体育教育实践活动中所表现出来的精神状态、行为操守和文化品位。大学体育行为文化是大学生对体育理论、体育精神和体育道德的动态表现，有利于体育传统风气的形成，在大学校园内形成健康的体育风气和精神，塑造正确的学风和校风。对学生作用之大，影响之深，是学生素质的直接表现。

具体教育要素归纳为：①体育课，包括体育课程内容、体育课程设置、体育课程建设与资源开发、体育课程评价；②体育教学，包括教师仪态、教学方式和课堂管理；③校园体育活动，包括体育社团活动、体育文化节和课余体育竞赛活动。

第三节　大学体育人文教育的特性

大学体育人文教育的特性是由大学体育人文教育的本质决定的，是大学体育人文教育特有的属性，这些特性将大学体育人文教育与其他项目区分开来，成为大学人文教育的重要一项。通过对大学体育人文教育本质的分析，可以推断出大学体育人文教育具有人文性、隐蔽性、濡化性、高等性、多样性、持续性、依附性这七项特征。

一、大学体育人文教育的人文性

人文教育其本身就具有人文的特性，在大学体育的教学中，人文教育融合其中，必然会将其本质特性带到大学体育人文教育之中。

大学体育人文教育的人文性主要体现在两个方面上，其一是人文教育的主体是“以人为本”，要求学生在受教育的过程中理解以人为本的含义，认识到“人”的本质，尊重人的主体价值和独立人格，懂得生命的意义，关注生存的价值，满足人自身和社会的发展需求，进而创造实现人的价值。其二，人文教育和体育教育融合，既要“以人为本”，让学生懂得人的本意，还要遵循体育的原则，强化学生的身体和心理，在人格上也要进行引导和塑造，强化人的内心精神世界。

大学体育人文教育在教学过程中，教学环境的改善，体育设施的更新换代，体育场地的修建，校园体育活动的开展等都可以体现大学体育人文教育的人文性，只有在实践中体现人性，才能促使大学体育人文教育既实现“教书”，也未忽视“育人”，二者兼而有之才是完整的人文性的体现。在教学改革中，大学体育人文教育的开展要避免僵硬的军事化管理和无趣、无神的体育活动，灵活、有趣的体育教育活动更能体现人文性，有利于体育人文教育的开展。

二、大学体育人文教育的隐蔽性

大学体育人文教育的隐蔽性体现在大学体育的课程属性上，在大学的学科教育中，大学体育属于一门隐蔽课程，是立足于人文关怀，将大学体育文化系统、规律呈现在课堂上，要正确地将体育文化中所包含的哲学、艺术、历史和文学知识以及体育理念、体育精神、体育道德和体育规范等体育的文化内涵和人文精神体现出来，其运用的方式是内隐方式，通过无意识、非特定的心理反应机制对学生产生影响。

大学体育人文教育的隐蔽性以一种特殊的育人手段传授知识，自上而下，说教有效，起到“不言自明”的教育效果。

三、大学体育人文教育的濡化性

大学体育人文教育的濡化性体现在大学体育人文教育课堂中，是一个漫长的过程。大学体育人文教育的实质是以人文关怀为导向的体育文化教育，是一种灵活的教学方式，在教学上并不是采取灌输式的强制学习模式。其以有趣、灵活的方式将体育文化中的精华摘取出来，并传授给学生，这种特性体现在大学体育文化化人过程的方方面面，不论是在精神层面、物质层面，还是在制度层面和行为层面，都形成了一张以文化织成的巨大的网，学生在这里被潜移默化地感染，通过暗示、模仿、从众等方式，不知不觉地接受刺激，适应新的阶段。

这个过程是顺应教育发展，带有自由性和随意性，并非是逆反的和强迫的，学生设身处地的感受知识，亲身体验， 直接获取经验。

四、大学体育人文教育的高等性

大学体育人文教育的高等性是显而易见的，其在教育上区别于小学教育和中学教育，在课程设置上是高等的教育水平，是学生接受系统教育的最后一阶段。在年龄上，大学生与中小学生有本质上的区别，在知识的理解上，问题的分析上，道德的修养上等多方面都高于中小学生，这是年龄、阅历、经验积累造成的差异性，使其在大学接受的教育要远高于中小学。针对这个年龄段的学生的需求情况，大学校园要提供符合学生年龄阶段的知识，打造与中小学不同的学习生活。

大学体育是大学课程的一部分，是大学生校园生活的必要课程，作为新时代所需要的人才，体育课堂提供给大学生的不应该仅仅是对身体的强健，还要满足大学生性格培养的需求，使大学生们能与社会更好地接轨。这些需求决定了大学体育人文教育的高等性。

此外，大学体育人文教育的高等性还体现在雄厚的师资力量，高水平、高素质的管理团队，历史气息与文化气息并存的体育馆建设，多姿多彩的体育选修课程，丰富的体育活动，等等，这些可以丰富大学生的校园生活，提高大学生的校园生活质量。

五、大学体育人文教育的多样性

根据大学体育人文教育的内容设置，以及体育的相关概念和特点可以得知，体育和政治、经济、文化、科技、军事等方面息息相关，具有这些领域的相关知识。此外，体育中还包含了哲学、艺术、历史、文学知识，以及体育精神、体育文化、体育理念、体育规范等相关方面。如体育场地设施、体育口号、体育管理制度、体育教师行为、体育传统与风气等等都可能成为施教的载体，范围广泛，形式多样，从一切可能的渠道影响学生。

六、大学体育人文教育的持续性

大学体育人文教育还具有持续性，这一特性主要通过两个方面表现出来。

第一个方面体现在大学体育文化教育环境的建设上，这是一个长久的过程，并不是今天提出建议，第二天就可以立刻实现的事情，这个目标的实现必须有坚定的信念和持久的信心，在长期的坚持努力下，才可以建设良好的大学体育文化教育环境，达到教育改革的目的。进而立足于文化育人，在实践中追寻真理，研究问题，解决问题，使教学环境的建设更上一层楼。

第二个方面体现在体育人文教育对学生的影响上，这个过程是一个持续的、长期的过程。在学校接受教育是学生的责任和任务，学生在学校长期接受教育，持续地接受体育文化的熏陶，能在潜意识中形成一种习惯，无意识地形成稳定的心理特征。所以，一所大学体育的传统风气会对学生产生潜移默化的影响，形成与该大学体育理念相一致的体育价值观、体育精神和体育道德，这种影响或许会伴随一生，成为一种长期的影响。

七、大学体育人文教育的依附性

大学体育人文教育有载体才可以传播，需要依附在大学体育文化之上才可以向学生传授人文思想。濡化的体育文化内涵和人文精神，让其在教育方面发挥最大的作用。体育人文教育的传播需要依附载体，一旦脱离了载体，就会造成教育的失衡，使得教育的价值和意义失去作用。大学体育人文教育的依附性反映了“寓教于文，寓教于体”的教学观念。

第四节　大学体育人文教育的价值和目标

在不断的发展和改革中，人们逐渐发现了人文教育的重要性，开始注重大学教育中人文教育的培养。大学体育人文教育自身所具有的价值决定了它如今的地位和受重视程度，而大学体育人文教育具有哪些价值，人们在教育改革中又要如何实现这些价值，这是现如今各大学教育改革中的重点和值得思考的问题。这个问题可以帮助改革的顺利实施，改正教学设计、做出正确评估。

一、大学体育人文教育的价值

目前，教育发展的形式决定了大学体育人文教育的重要性，实现大学体育人文教育的价值是大学体育人文教育发展的最终目的，既是关于大学体育人文教育问题的最基本的观点，也决定了大学体育人文教育目的的认识、目标的确立、功能的选择和教育活动的实施与评估。

关于“价值”，马克思曾指出：“价值这个普遍的概念是从人们对待满足他们需要的外界事物的关系中产生的。”即人作为“主体”和他所要面对的“客体”构成的“价值关系”，也可以说是“客体”的功能同“主体”需要的关系。至少包括三个非常重要的特征：

第一，人是主体，是与客体构成的“价值关系”中产生动力之前的发力主体。在这里，人的需要是最根本的动因。

第二，连接主体和客体的纽带和基础是主体——人的需要，价值反映的是作为主体的人与客体之间的关系，这既不是客体本身所带有的，原有的、自身的能力，也不是单单由单个事物和个体所决定的，这是一种双方之间构成的关系，有“客体”能够满足“主体”需要的前提，满足了这个前提，客体才有价值或意义。

第三，价值评价存在于所有的人类活动中。人在任何活动和实践中，其行为都是有目的的，都是基于一定的价值评判来进行行为活动和实践的，这是人主观能动性的最直接体现。而大学体育人文教育中，主体是学生和社会，客体是大学体育人文教育，其价值是指客体是否能满足主体。

综上所述，思考大学体育人文教育的价值和意义必须要站在是否满足学生的需求和社会发展的需要。具体要求如下：

1. 满足学生合理的体育需求，促进学生体育行为自由自觉

作为与人生活密切相关的活动，体育自人诞生之时，便有了存在的迹象，其诞生与发展是伴随着人的生存和发展进行的。探索体育，便要先分析人的想法，哪种体育可以满足人的需要？体育又能不断给予人什么价值？这是体育改革和发展中，人们需要注意的问题。

随着全球经济化、文化一体化加快的进程，各国在发展中的观念、发展目标、需要都逐渐发生了变化，中国也不例外。随着发展，一些发展观念已经产生了变化，逐渐将重心偏移到以人为本上，形成了一种关注人、尊重人

和塑造人的人文思潮，强调人的观念，促进人的发展和塑造。

在如今人文已经成为当今社会发展的主流，变为发展理论的核心概念，在发展中，人才是发展中的重要主体，要时刻思考什么是人需要的，什么是对人发展有价值的。因此，在教育改革发展中，体育教育要时刻牢记以人为本，关注人所需要的，尊重生命、珍惜生命，以发展人的价值为基础，注重对人的本体的开发。体育的价值便是立足在这之上的，忽略了这点，就相当于失去了实现体育价值的基础，体育的价值也就无从实现了。

显而易见的是，成功的体育的前提是对人要尊重。作为一种文化现象，体育的本质是立足于人的本质之上的，其重要的任务是要将现有的，将人们束缚在条例与教条中的文化与规则进行否定，重新树立以人为本、以人为中心、以人为目的的人本主义，重视对人性的认知，认识到人的优点和缺点，尊重生命、珍惜生命，崇尚包括生命权、身体权、健康权、休息权、工作权等在内的人权。

在目前的体育教育活动中，科学教育占据主要位置，人文教育不受重视，教学方式单一，教学内容没有新意，教育过程过于教条，没有活力，教学环境死板、僵硬，教学评价只重视达标等问题严重地损害了学生的利益，限制了学生的发展，对学生的兴趣培养是极大的障碍，打消学生主动参与体育活动的积极性，这会导致学生产生失落的心理。严重的甚至会让很多原本喜欢体育的学生丧失对体育活动的兴趣，在学校抗拒上体育课。实践表明，如今的高等教育中，大学体育的定位已经偏离了学生主体的原本需要，其价值和效果早已打折。

根据时代发展，人文教育很快被提上改革日程。大学体育人文教育是立足在体育和人的本质关系的基础上提出来的，其服务的主要对象是人，最终要满足的也是人，即在理论上科学完整地认识人，在价值上尊重人，在实践中全面地塑造人，使体育真正成为促进人的自由全面发展的有效途径。

它强调突出学生主体地位，关怀学生生命价值，满足学生合理需要，注重学生健康引导，促进学生身心和谐发展，为学生提供自主学习情境，以激发学生的自主性、能动性和创造性，发挥学生的主体作用，使学生在体育人文教育的情境中不仅可以释放自由、娱乐身心，提高健康水平，而且还能懂得人与人之间的理解、关怀、尊重、团结和友爱，以及最大限度地开发自己的潜能，充分实现自我发展和自我完善。

2. 促进学生身体、心理和社会适应全面而协调的发展

体育活动本身具有人为性，这是体育原本就带有的特有属性，它的人为性体现在体育是为了人而存在的现象，是为人服务，满足人的需要的。在历史发展的不同时间段中，人们对体育的需要不同，理解也就千差万别。根据体育的起源来分析，体育的诞生源于人们的劳动、军事活动、宗教或者是游戏，这些信息都说明了体育与人的生活是密不可分的，体育是随着人的生存和发展而衍生出来的，满足人的需求的产物。

如今，随着教育的改革，国家和社会提出学生要全面发展，人才要多样化。在体育教学中，体育的最终目的不仅仅是要帮助学生强身健体，还要通过体育活动达到健身、建心，二者皆好的目的，培养学生成为娱乐、社交、人格健全的人才。因此，作为与人们生活息息相关的体育活动，对人的作用不仅仅在帮助人塑造健全的体魄，它有着不可替代的教育意义，能够帮助学生建立健全的人格，促进学生全面发展，是学生学习生涯中不可缺少的一个重要组成部分。

人才的全面发展，要求在德、智、体、美、劳等方面达到全方位的发展

统一。主体的最终展现就个体而言，它包含着相互联系、辩证统一的三个方面，即身体发展、心理发展和社会适应，只有身体发展、心理发展、社会适应协调发展，才能真正实现促进人的全面发展。由于人自身的自然属性、精神属性、社会属性影响着人的自身，使其不仅要满足自身的需要，还要满足自然、精神和社会三方面的需求。但在现实过程中，体育实践过程更突出的作用是增强人的体质，人们也格外地关注体育的这项作用。很多人都认为学生的体质在近些年的数据报告中明显呈下降趋势，造成这种问题的根源在于体育并没有发挥好自身的作用。这种评价其实是对体育的一种不公平的批判。提出这种想法的人忽视了体育作为教育的作用。体育教育的本质属于人性、人为性和为人性，之后才是体育，并且分析学生体质下降的原因要从多方面考虑，造成这种现象不可能只从体育一方面来找问题。此外，体育教育在教育实践过程中片面地强调体育对人的自然属性或生物本能的改造，而忽视了满足人对体育的精神属性和社会属性的需求，严重地弱化了体育育人的本质功能。

大学体育人文教育的提出是在理解和认识人的本质的基础上，以人对体育本身的需求和体育对人的积极作用为前提。关注的是学生可以在有效地利用和改造身体的同时也可以完成人格和内心精神世界的塑造，使之实现体育促进学生全面协调发展的价值。在这其中，大学体育人文教育可以通过以下三方面来实现：

首先，大学体育人文教育强调通过组织形式多样，内容丰富的体育活动，吸引学生积极参与到体育锻炼、训练、竞赛等活动之中，满足学生增强体质、塑造形体、提高生理机能和运动能力的需要，进而促进学生的身体健康。身体健康是心理健康和社会适应的基石，一般来讲，身体健康者，往往精力充沛、乐观自信、热情开朗、心理承受能力强，而身体衰弱者，往往出现精神萎靡不振，情绪悲观、敏感、易激动、冷漠、自卑，心理承受能力较低。促进学生的身体健康是体育教育特性之所在，也是大学体育人文教育的首要价值。

其次，大学体育人文教育强调通过体验和感悟体育精神，弘扬体育道德来引导学生的内心精神世界和思想品质，促进学生的心理健康，同时也是对一些大学生情绪情感困惑、价值取向扭曲、诚信意识淡薄、社会责任感缺乏、艰苦奋斗精神淡化、团结协作观念较差、心理素质欠佳等心理危机提供一种有效的化解方式。大学体育人文教育是弘扬体育精神的沃土，在设计与实施过程中有意识地将其融入每一个可能成为育人的教育元素之中，以弘扬拼搏奋斗、刚毅执着、顽强抗争、奉献上进、挑战征服、冒险探索的英雄主义精神；自由民主、开放参与、诚实守信、创新进取、科学效率的公平竞争精神；协作互助、团结友爱、尽心尽力的团队精神，来培养学生乐观开朗、交往乐群、坚毅顽强、勇敢果断、竞争拼搏、坚定自信、沉着冷静、吃苦耐劳的良好心理品质，引导学生保持积极、健康向上的心理状态。

最后，大学体育人文教育强调通过营造体育文化活动氛围为学生提供社会交往、角色适应的平台，促进学生社会化。大学生社会适应是其综合素质和能力的表征，大学体育人文教育对于促进学生的这方面素质和能力的提升具有重要作用。其一，良好的大学体育文化活动氛围，会积极传播科学的、先进的、健康的体育思想，促进体育的物质和精神文化沿着有利于社会、人的进步和健康的方向发展，要求学生“崇尚科学、开拓创新、健康向上、公平竞争、民主平等”等。通过一定体育思想和法规教育，对学生遵守规范的思想和行为，以及公平参与意识和积极健康生活方式的形成会产生重要的作用。其二，良好的大学体育文化活动氛围，是学校师生共创和认同的价值观念，具有无形的凝聚力和感召力，在这种氛围的熏染下，学生会认识并体验到彼此具有共同的理想追求、价值观念、道德情操和行为规范，可以使他们产生强烈的集体归属感、责任感和荣誉感。其三，良好的大学体育文化活动氛围，会吸引学生积极组织或参与体育活动，与形形色色的人打交道，处理可能在运动场上发生的各种问题，不但拓展了学生的交往空间，而且拉近了学生之间的距离，有利于培养大学生的交际能力。其四，良好的大学体育文化活动氛围，会给大学生提供一个角色扮演的舞台，充分展现自我的机会，如体育教学中学生的角色、体育比赛中运动员的角色或裁判员的角色、体育活动组织管理者的角色、集体运动项目中不同位置的角色扮演，在每一个角色扮演过程中都要遵守相应的规则，以及群体的规范，履行自己的职责和义务，通过这个过程，大学生会内化这些规范而形成一种心理特质，并延伸到社会实践中，敢于担当责任，行使相应的权利和履行相应的义务。

3. 完善体育教育理论，提高体育教育的完整性和系统性

体育作为教育的组成部分，首要的任务就是满足人和社会的发展需要，促进人与社会协调发展，然而人与社会的发展需要是动态变化的，所以，体育绝不能一成不变，保持原有的状态，它必须以人与社会发展的需要为导向，才能获得健康、可持续的发展。从人与社会协调发展的需要来看，市场经济带来了丰富物质产品的同时，也带来了一系列的社会问题，如人际关系淡化、道德滑坡、信仰危机、孤独、心理失衡等心理危机。亟待寻找摆脱现代社会“人的危机”和“人的困惑”的出路是主要在于培养人的道德和人格。再加上当今世界范围内科学与人文的有机结合已成为教育发展的趋势与潮流，在这样的社会与教育背景下，就体育本身而言，要真正成为大学之教育，就不仅仅是要通过身体活动传授有形的知识、训练技艺、增强体质的科学教育，它还包括无形的体育理念、体育精神、体育道德和体育规范等方面的体育文

化内涵对人的道德、审美、心智和人性等的人文教育。然而，现实的大学体育，存在一个很大的弊端，往往是重体质而轻灵魂，重技能而轻文化，重课上而轻课下，重实用而轻思想，重显性而轻隐性。大学体育人文教育基于人与社会发展的需要，结合体育自身的特点提出来的，它并不是对传统体育教育的颠覆，而是一种十分必要的补充和完善。

首先，大学体育人文教育是科学与人文有机融合的教育。科学与人文研究对象不同，科学研究“物性”，而人文研究“人性”。科学与人文的功用不同，科学相当于一个“为学”的过程，人文则是一个“为道”的过程，因此，科学教育与人文教育二者不可偏废，倘若有一方有所缺失，那么教育势必会受到限制。就大学体育而言亦是如此，人文教育是体育原本就有的育人成分，也是体育作为教育的组成部分应该体现的一种特有的育人价值，如果偏重于科学教育，那么，大学体育就会徘徊于一门体育技术课程、或几项身体机能运动等教育的怪圈之中，只有融入人文教育，体育才能真正成为大学之教育，发挥其育人的本质功能，有效地促进人的全面发展。

其次，大学体育人文教育是课上与课下相结合的教育。就大学生而言，他们对体育的需要是多元的，包括增强体质、健身、休闲、娱乐、社交和健全人格等等，如果仅仅依赖于体育课程教学这种单一的体育组织形式，是无法满足学生多元化的体育需要的，因此，需要与课下（课外）体育活动相结合，除了鼓励学生自发地组建体育社团或俱乐部，开展形式多样，内容丰富的体育竞赛活动以外，学校也要定期组织开展如体育文化节、体育知识讲座、校运动会，以及校际的体育比赛等活动，满足大学生多元化的体育需要。

最后，大学体育人文教育是显性与隐性相结合的教育。美国心理学家罗伯将学习分为外显学习和内隐学习。前者是人们所熟悉的有目的、有意识的学习过程，而内隐学习中主体在学习过程中缺乏清晰的意识，是无意识地获得关于外界环境刺激的复杂指导的过程。通常情况下，从人的认知过程来看，外显学习偏重于智力因素的培养，如记忆力、观察力、思维能力、注意力、想象力等方面，而内隐学习偏重于非智力因素的培养，如需要、兴趣、动机、情感、意志、性格等方面。心理学研究表明，在人的认知过程中，非智力因素对智力因素的发展有着直接抑制的作用。大学体育人文教育强调不但要通过有形的、多样化的体育组织形式来发展学生的智力因素，还要通过体育物质环境、体育教师行为、体育文化活动氛围和学校体育传统等内隐的、间接的文化因素来影响学生，促进学生内隐学习，发展学生的非智力因素。

综上所述，大学体育人文教育是科学与人文有机融合、课上与课下相结合、显性与隐性相结合的教育，它进一步地完善了体育教育理论，提高了体育教育的完整性和系统性。

4. 有利于大学文化的传承与创新

大学体育人文教育的实质是以人文关怀为导向的体育文化教育，“人文”是一种渗透在整个教育过程中的理念，而真正的教育内容是大学体育文化。从文化的角度来看，大学体育文化是指大学体育系统中包含或体现的文化因素，也指大学文化系统在体育方面的亚文化，包括大学体育的精神文化、物质文化、制度文化和行为文化。它是大学文化建设的重要载体，两者是一种共生互动的关系，大学文化作为母体，孕育、修饰大学体育，大学体育作为载体，展示、丰富大学文化。

大学体育文化对大学文化的传承与创新具有重要的作用和价值，具体体现在：

一方面，体育作为大学教育的组成部分，伴随着大学的产生而产生，发展而发展，是传承大学文化的重要载体之一。首先，体育能够有效地传承大学的办学理念，如在京师大学堂成立初期，《钦定京师大学堂章程》明确提出，学堂要“造就通才”就得培养学生“临事不辞难，事君不惜死”的忠勇精神，要涵养忠勇精神就得将体育列为必修课程。而随着社会的发展，新世纪初始北京大学明确指出了体育应以“造就人才，培养全面发展的人”为己任，提出“科学与人文相融，育体与育心并重”的体育教育理念，体现了新时期北京大学的办学理念。其次，大学体育物质设施，无一不记载着一所大学悠久的历史和渗透着浓郁的文化底蕴，如东南大学四牌楼校区体育馆、原中央大学体育馆，以及清华校园中矗立的马约翰雕像等等。最后，优秀的体育传统是一所大学重要的历史沉积，有益于大学形象与声誉的塑造，如剑桥和牛津的赛艇比赛，它不仅仅是一项校际比赛，更是一种体育精神的表达，一所大学文化的传承。

另一方面，就体育自身而言，它既是人类社会发展到不同阶段的产物，同时也是发展到某一阶段的一种社会文化形态，是社会的一个缩影。因而大学体育文化既隶属于大学文化，也隶属于体育文化和社会文化，它是一个开放、动态的系统，它的演变会随着体育文化和社会文化的发展变化而变化，在不同的发展阶段呈现出不同的特征，这会有利地刺激大学文化的创新。首先，体育丰富了大学校园文化的内容，开拓了人的视野，培养了人的能力，如体育社团活动、体育文化节、日常体育锻炼、体育训练与竞赛等，都能够很好地丰富和展现大学文化。其次，体育为大学开展对外交流提供了一个平台，如参加校际体育比赛或是其他形式的体育比赛是一所大学展示和交流自身特色文化，以及借鉴和吸收先进文化的一个重要平台。最后，大学体育能够促进大学文化的先进性，体育是当今社会最受人们关注的焦点之一，不仅仅是因为受奥林匹克运动的影响，更重要的是它与政治、经济、文化、教育、军事和科技有着紧密的联系，而大学体育架起了大学组织与社会发展的一座桥梁，通过体育获取社会的最新资讯，不断刺激着大学教育的改革与创新。

二、大学体育人文教育的目标

大学体育人文教育的价值是其内部特性的反映，是大学体育人文教育实施后所要达到的最终目的，其价值的实现，实际上是以大学体育人文教育目标为具体载体的，大学体育人文教育目标是大学体育人文教育价值实现的具体化。大学体育人文教育目标的确定，不但要以大学体育人文教育价值为导向，还要充分考虑社会、教育、体育和学生等主体发展的需要，以及现阶段我国经济发展水平和高等教育现状等要素。大学体育人文教育是“文化育人”的教育，它的教育目标应该包括客体“大学体育文化”和主体“大学生”两个方面，前者是“育人”的手段和内容，后者是“育人”的结果，所以可将其目标划分为“育人”内容目标和“育人”终极目标。

1. 大学体育人文教育“育人”内容目标

大学体育人文教育内容载体是大学体育文化，因此，大学体育文化建设目标就是大学体育人文教育“育人”内容目标，它是实现大学体育人文教育终极目标的手段和途径，是以大学体育精神文化为导向，建设大学体育的物质文化、制度文化和行为文化，濡化优秀体育文化内涵和体育人文精神，以提升大学体育文化品位，推行人本体育管理制度，营造体育人文氛围，实现“文化育人”为核心的目标。

（1）大学体育精神文化建设目标

在体育人文教育思想的指导下，结合大学体育发展的实际情况，定位大学体育理念、凝练大学体育精神和彰显大学体育道德风貌，引领大学体育发展的方向。

（2）大学体育物质文化建设目标

通过大学体育物质文化教育要素建设，包括体育物质设施、体育标志物和体育文化宣传媒介，渗透体育文化内涵、倾注人文关怀，提高物质文化品位，力求实现以“物”化人，让这些原本没有生命和情感的客观物质变成能够传颂大学发展的光辉历程，诉说大学的教育理念、精神风貌、审美情趣和价值追求的“教育者”。

（3）大学体育制度文化建设目标

通过建设大学体育制度文化教育要素，包括体育组织机构、体育管理制度、体育传统与风气，推行人本体育管理思想，使行政型、指令型的体育组织机构，向服务型、督促型转化，使冰冷的、僵化的文本制度管理方式向人性化、民主化、开放化的体育管理方式转化，进而建构良好的体育传统与风气，促进学生体育行为自主、自觉和自治。

（4）大学体育行为文化建设目标

通过建设大学体育行为文化教育要素，包括体育课、体育教学和校园体育活动，营造校园体育文化活动氛围，吸引广大师生积极参与体育运动、体验运动精神、享受运动快乐，将体育价值观、体育精神、体育道德、体育规范内化为人的生活态度、行为准则和道德规范

2. 大学体育人文教育“育人”终极目标

大学体育人文教育“育人”的终极目标是提升大学生的体育文化素养，进而促进大学生自由而全面发展。其中，提升体育文化素养是大学体育人文

教育目标的本质体现，促进自由而全面发展是大学体育人文教育目标的最终追求。

大学生体育文化素养是指大学生通过体育教育获得的体育知识、运动技能、运动素质、健康体适能的同时形成的参与体育意识、养成体育锻炼习惯、树立良好体育价值观念、内化体育道德和体育精神、提升社会适应能力等综合素质的总和。

大学生自由而全面发展，是指大学生通过体育人文教育获得自由的、全面的、充分的、和谐的发展。马克思主义关于人的自由而全面发展，通常用自由、全面、充分、和谐四个尺度来衡量：自由尺度，即“人的自由发展”是指人根据自己的兴趣和爱好，积极主动地发展自己的各方面的能力，它着重强调人的发展的主观状态；全面尺度，即“人的全面发展”是指人的体力、智力、品质、个性及其他各方面的能力综合、协调发展；充分尺度，即“人的充分发展”是指人的潜质、潜能、个性、现实关系等各方面的能力和关系得到最大可能的发展；和谐尺度，即“人的和谐发展”是指人在人与自然、人与社会、人与人及个人内在性的各个方面的和谐关系中的发展。

体育文化素养和自由而全面发展是过程和结果的关系。体育文化素养的提升是促进自由而全面发展的前提条件，是大学体育人文教育目标的本质体现。自由而全面发展，贯穿于大学体育人文教育的始终，引导大学生体育文化素养养成的全过程，是大学体育人文教育目标的最终追求。

第五节　大学体育人文教育的实践

大学体育人文教育实施是能否实现其教育价值与目标的关键，其中实施工作通常要比设计工作的贡献更大，要在大学有效地实施体育人文教育，就必须遵循一定的原则，采取适当措施，以避免实施过程中出现较大的随意性，难以控制。

一、大学体育人文教育实施的原则

大学体育人文教育实施的原则是在其教育实践过程中应遵循的基本要求，依据大学体育人文教育的基本理论和实践经验，归纳如下：

1. 共性文化与个性文化相结合原则

大学体育人文教育实施要坚持共性文化与个性文化相结合原则，一方面，要遵循大学作为社会组织的一个单元的普遍性要求，即在与社会的互动关系中，要受社会发展阶段、政治经济发展水平、教育政策、社会思潮等种种因素的影响和制约，需要了解和遵循人类文化发展的普遍意义和规律；另一方面，要遵循大学作为个体的特殊性要求，即每所大学由于自身定位、价值取向、学科结构、历史和传统并不完全相同，所以，每所大学包括体育文化在内的大学文化教育要素，都应该根据自身的特点，而表现出鲜明的个性和特色。因此，大学要有效地实施体育人文教育就需要兼顾现代大学与社会互动的共性要求的同时，还要突出、发挥和发展大学长期发展过程中所积淀的个性和特色，既要与时俱进，准确定位，也要认清自身发展的优势所在，保持个性，不追风，不趋同，办出特色，办出水平。

2.“硬件”文化与“软件”文化相融合的原则

大学体育的场地设施、标志物、宣传媒介、师资队伍、社团和校园体育活动等是“硬件”，而大学的体育理念、体育精神、体育道德、体育传统与风气和管理制度是“软件”。“硬件”建设是“软件”建设的基础，“软件”建设是“硬件”建设的条件。在大学体育人文教育实施过程中，如果“硬件”没有得到很好的建设，那么软件建设就失去了载体，停留在形而上的层面上只是空谈，同样，如果“软件”建设脱离“硬件”，那么“硬件”设施也就成了一种摆设，充其量只是大学校园的一道风景而已，无法传播先进的体育文化，也就难以实现体育人文教育的价值，所以，只有两者协调发展，才能有效地实施体育人文教育。

3. 整体规划与分步实施相结合原则

大学体育人文教育实施是一个系统工程，既要进行统筹规划，科学合理地确定其教育要素建设的目标、内容、布局、步骤、资源配置、组织机构和管理制度等，又要结合大学实际，根据大学体育的具体条件，按照质量、速度、效益相统一的原则，突出重点，分步实施，坚持体育的精神文化、物质文化、制度文化和行为文化的各教育要素系统协调发展原则，逐步建立和完善大学体育人文教育运行机制，使其外化于行、内化于心、固化于制，在实践中不断推进和完善。

4. 理论指导与实践反馈相结合原则

理论与实践向来是一对矛盾的统一体，用理论来指导实践，发现实践中存在的问题，用实践来检验理论，进一步完善理论。大学体育人文教育理论为其实施提供了明确的方向、标准和依据，然而，在将设计好的计划付诸实践的过程中，总会碰到预先没有考虑到的情况或是由于理论不完善而导致实践的误区，需要及时做出调整。因此，大学体育人文教育实施过程中应坚持理论指导与实践反馈相结合的原则，不断地评估、反思和总结，从理论到实践，再从实践中凝练理论，以更好地指导实践。

5. 继承传统与发展创新相结合原则

大学体育人文教育实施要坚持继承传统与发展创新相结合原则，一方面，要从大学实际出发，深入研究体育的发展历史，认真总结体育的传统、精神、特色，提炼符合大学文化的体育价值观和体育精神，培育、弘扬体育传统与风气；另一方面，要加强对外的体育交流与合作，增强大学体育文化自身的丰富性、包容性和开放性，不断培育和突出大学体育文化育人的特色和亮点。两者应该平衡与协调发展，不能偏执任何一方，否则就违背了体育人文教育的初衷。

6. 主体性原则

学生是教育的对象，全面提高学生的体育文化素养，促进学生自由而全面发展是体育人文教育的终极目的。我们应该清楚地认识到在这个过程中，学生是学习的主人，学生的学习应该是积极主动而不是被动的，要充分发挥学生的主体作用，就应该放手让他们参与人学体育文化教育要素的建设和组织管理，调动他们的主动性和积极性，发挥他们的潜能和创造力，只有这样，才能保证实施的顺利进行。

7. 可行性原则

可行性是实践得以进行的前提，大学体育人文教育实施之前，需要认真考究以下要素：第一，应该对相关工作人员的素质能力进行考核，确保其能够扮演好所在岗位的角色；第二，组织与管理变革的程度，能否被广大师生所接受和认可；第三，大部分师生所持的体育价值观和体育态度情况；第四，目前的体育物质条件能否满足实施的要求；第五，体育文化教育要素建设目标是否与体育课目标一致或是有益的补充；第六，改革和引入的体育文化教育要素内容与旧有的体育文化之间的过渡与融合；第七，是否有一套清晰明确的奖励办法、监督机制和保障措施。

二、大学体育人文教育实施的方略

实施方略是大学体育人文教育实施过程中的方式方法，具体包括抓人文元素、用文化资源、造人文氛围、靠制度导向。

1. 抓人文元素

大学体育作为一门必修课程和各项体育活动既是教育的一种实施方式，也是在校大学生展开学校生活、认识世界、体验生活、了解自己、提高自己的载体，更是学校教育与社会现实生活联系的中介。而合理的科学的人文元素渗透或融合于大学体育之中则是实施人文教育的核心，它要求大学教育者乃至体育教师根据在校大学生的兴趣和需要，不仅要从系统的人文通识课程，由心理与教育、历史与文化、社会与伦理、哲学与思维基本类型组成的人文知识生态结构体系以及从“心理、知理、伦理、艺理、哲理”层面构建的人文素质教育知识生态核心课程及拓展课程中，甚至要从由体育精神文化、体育物质文化、体育制度文化和体育行为文化要素构成的整体的大学体育文化中准确地抓住或选取与之相关的人文元素，如大学体育精神文化教育要素应以人文关怀为导向，结合大学体育发展的实际情况，定位大学体育理念、凝练大学体育精神和彰显大学体育道德风貌，引领大学体育发展的方向；大学体育物质文化教育要素应倾注人文关怀，渗透体育文化内涵（体育本身所蕴含的哲学、艺术、历史和文学知识，以及体育价值观、体育精神、体育道德和体育规范），提高物质文化品位，力求实现以“物”化人，让这些原本没有生命和情感的客观物质变成能够传颂大学发展的光辉历程，诉说大学的教育理念、精神风貌、审美情趣和价值追求的“教育者”；大学体育制度文化教育要素应推行人本体育管理思想，使行政型、指令型的体育组织机构，向服务型、督促型转化，使冰冷的、僵化的文本制度管理方式向人性化、民主化、开放化的体育管理方式转化，进而建构良好的体育传统与风气，促进学生体育行为自主、自觉和自治；大学体育行为文化教育要素应注重营造校园体育文化活动氛围，吸引广大师生积极参与体育运动、体验运动精神、享受运动快乐，将体育价值观、体育精神、体育道德、体育规范内化为人的生活态度、行为准则和道德规范。其中，大学体育精神文化是核心，大学体育物质文化是基础，大学体育制度文化是保障，大学体育行为文化是表现形式，体育物质文化、体育制度文化和体育行为文化唯有通过体育精神文化的外化，才能折射出大学体育特有的文化底蕴和独特人文魅力，以潜移默化、润物无声的方式教化人、感染人、陶冶人、引导人，并通过完善和提升在校大学生的价值取向、人格品质、思想情操等予以实现“文化化人”的目的，以便使之在整个体育教育实践中能够充分地体现人文元素得以运用的系统性和个性化。

2. 用文化资源

大学体育人文教育还要充分地利用有益于在校大学生人文素质提升的一切优势文化资源，如大学所在地体育历史名人、体育文化事件、体育文明成果、体育优良传统、体育优美故事等都可以成为大学体育教育教学的上佳教育元素。大学开发和利用体育文化资源的前提和形式多种多样，首先，将本地体育文化素材编写成乡土教材和校本教材作为体育课程教材的补充；其次，依靠本校体育教师扩大课程资源的识别范围，提高课程资源的利用程度，使之鉴别、开发、积累和利用具有独创性、特色性的体育课程资源；再次，基于新课程要求教育者转变“课程即教材”“课程即学科”传统观念的这一实际，要求大学体育教师和在校大学生在教学实践情境中共同创造和开发课程实施过程。故而大学开发与利用本地体育文化资源必须坚持集体性原则、地域性原则和优先性原则，而有意义地选择，则是开发与利用本地体育文化资源的关键所在，例如，从参与体育运动形式、选用锻炼手段着手调查在校大学生对体育运动项目的兴趣分类；创造性地开发和使用体育器材、体育场地并制定参考性的运动处方、经典案例；建立良好的课外体育活动机制，及时总结和反思学校体育事件发生过程；广泛利用校内外场馆资源，积极发挥网络资源的作用和优势。大学善于依靠本校的知识优势和人才优势予以开发、改造、提炼当地文化资源中具有人文内涵的精神养料，可以使之成为当代在校大学生的重要精神食粮。因为利用大学所在地体育文化资源施以人文教育，既容易获得在校大学生的文化认同又便于引发其内心情感体验，所以，无论体育文化名人还是著名体育历史事件，虽然时间相隔久远却因发生在同一方土地之上而具有莫大的亲和性和可追溯性。

3. 造人文氛围

大学体育人文教育实施目的在于提升大学生的体育文化素养，促进大学生自由而全面发展，所以大学必须营造一种和谐的人文教育氛围，既要继续强化体育课程文化教育，也要大力促进大学充满浓厚人文氛围的校园文化建设。大学校园文化建设作为在校大学生人文教育的土壤、载体必须予以足够的重视，因为课堂不是唯一的甚至是有限的，唯有从教室及运动场馆到校园的角角落落“弥漫”着浓浓的人文教育氛围，才能最大限度地释放体育人文教育的巨大功能。鉴于此，大学校园文化建设，一要加强大学体育物质环境中的体育精神涵养，重点张扬体育场馆、体育雕塑、体育标识、体育标语等人文元素的魅力；二要发挥校园媒体传播先进体育文化的作用，恪守“适时”“适地”“适人”原则，予以介绍体育与政治、经济、文化、教育、科技、军事等相关联的资讯；三要组织开展内容丰富、形式多样的校园体育文化活动，以便能够立足于办学理念和办学宗旨之上，使体育文化与大学文化得以有效地契合；四要加大校园体育中典型人物、典型事迹宣传，充分运用体育明星、体育模范等榜样效应、励志效应和感染效应开展形式多样的人文教育；五要加强大学体育师资队伍文化建设，从强烈的职业操守与使命感、正确的体育价值观念、厚重的体育精神、广博的人文科学知识以及自身的道德修养、人文情怀和人格魅力等层面上提高体育教师的人文素养水准；六要推进民族类、时尚类以及体育欣赏、运动处方等主体性体育课程、主体性文化品位体育项目等的建设，满足在校大学生主体在体育方面的实际需求；七要改进和应用诱导教学法、情境教学法、合作教学法、研究教学法以及现代心理学理论与专业相结合的其他体育教学方法，以便能够在体育教学中向大学生提供更多的主体体验及自觉创新机会；此外，还要积极引导大学生社团、党团支部开拓人文环境、浓厚文化氛围，使在校大学生在丰富多彩的文化艺术活动中受到熏陶。

4. 靠制度导向

好的制度，可以增强人的权利意识、自主意识，提高人的主动和自我发展的责任性，从而提高发展人的层次，塑造健康和谐的人格。相反，坏的制度则只能成为人身心发展的牢笼和桎梏，摧残人的创造性，压制人的批判意识、独立意识、怀疑精神和探究精神。大学制度并不必然生成制度文化，但制度文化的生成必有赖于优质制度的生成。大学制度是大学意识的体现，是大学人的准则和规范。大学不仅需要建立一套完善的规章制度和严明的组织纪律，来确保工作秩序和效率，还需要充分发挥现代大学制度的教育引导、凝聚激励、引领创新和协调融合的功能，来确保大学人的思想能够与时俱进，不断开拓创新。因此，大学体育人文教育的实施，需要发挥现代大学制度的导向作用：首先，需要将“以人为本”理念贯穿制度体系建设的全过程，从以行政职权为重点向指导、监督、检查和扶持职权为重点转化，注重发挥人的主动性和创造性，把大学引向追求个人与组织和谐、兼顾组织效率、承认并尊重人的尊严的新境界，如组织管理制度要体现人性化，教学管理制度要鼓励创新，人事管理制度要确保人尽其才、才尽其用，体育锻炼行为制度要突出自我管理等；其次，要采用民主、开放的方式，自下而上的程序生成制度，尽可能地让全体师生员工参与制度制定过程，听取他们的合理化建议，保障大多数人的利益需求，才能吸纳更多经验、集中更多智慧，整合制定出更有效、更权威的体育管理制度；最后，要发挥制度的激励作用，强调制度本身对师生的体育价值观念和群体意识的引导，从广大师生的体育需求出发，完善体育管理制度，唤起动机，引起行为上的变化。

第六节　加强和推进大学体育人文教育

一、寻求传统人文的智慧

在我国文化体系中，传统文化是构成我国文化体系的根基，它有着悠久的历史底蕴，不断经历着时间的洗礼和朝代的更迭，在发展中也是不断地进步，人们革故鼎新，传承精华，去除糟粕，在国家的发展和进步中发挥着重要的作用，具有稳定性和传承性。传统文化是我国历史传承下的巨大的宝藏，凝聚着民族的精髓，彰显着民族精神，是中国和世界文化沟通和建立桥梁的重要纽带。

传统文化渗透于我们生活、学习、工作的方方面面，在潜移默化中影响着我们的行为和思想，左右着我们的生活。

1. 传统人文教育在体育教育中的渗透

我国的传统教学体系，深受孔子的儒家思想的影响，遵循着孔子所提出的“启发式教学”、“因材施教”、“有教无类”、“乐中学”、“学思行结合”等教育思想及原则，将这些教育思想作为教育发展中的根基和导向。如今，随着知识的积累和教育的研究，可以得知，这些思想体现了对生命天性的思索，是尊重生命独特性的表现，反映了生命的价值，维护着人们自由、平等、求乐等生命的特性。这些由古人们所提出的儒家的传统思想对如今的教育发展有着相当积极的作用，单说体育一门学科，就能为体育带来巨大的益处。

世界上没有相同的两片叶子，同样，人的发展也具备着这样的道理。人本身就具有独特性和差异性，其个体在成长的过程中，身体指标受遗传和成长环境等因素的影响，力量、耐力、体力、速度、柔韧性、反应力、意志力、认知力、情商和智商的发展等方面均会产生不同。而体育人文教育要求尊重生命，关注生命的质量，认为个体之间存在的差异是正常合理的，在其发展中我们应该给予应得的尊重，尊重差异和个性的存在。要将学生的差异性放入教学设计中，实现真正意义上的更高层次的公平。

在老子所提倡的思想文化中，“道法自然”是其思想的核心，在教育领域遵从“道法自然”的思想，便是要求教育尊重自然的生长规律，尊重生命的存在。在教学实践过程中，教师要对学生的情况了解详尽，这样在进行教学设计时才能从实际情况出发，针对问题进行处理和解答，顺应学生的发展，利用其优点开展优质教学。在体育教育中，学生从义务教育到大学教育，其过程变化体现出非常明显的阶段性差异。如今，新课程标准的颁布，也说明了国家和教育界开始注重这种情况，考虑学生的基本情况，将学生的水平分类，顺应其发育自然的状态，这是按规律做事的精神所在。

从现实的学习实践中，可以看到，教师作为传道授业解惑的职业，不应该成为教学活动中的管理者或控制者，而应该是学生学习成长中的辅佐者和促进者。这就说明了，教师在教学实践的设计和教学环境的创造上要注意细节，要为学生打造良好的学习环境，培养学生自主学习。而体育作为大学教育中较为“活”的一项，更是要发挥其特性，避免教学环境的死板生硬。

“社稷”指的是国家、集体和社会，“民”便是普通的公民们。这种民主的人文思想放在大学学校教育中，也能找到相应的对象，在传统课堂教学环境中，教师等同于“君”，是权威的象征，“社稷”相当于班级集体、学校荣誉等成绩，学生对应的便是“民”，三者中，学生是最重要的对象，教师和学校都是服务于学生，因此，在教学设计和完成教学目标的过程中，教师应该以学生的发展为主要服务对象。要以学生全面发展为要求，民主互动，而不是对学生发号施令，将教学过程变为灌输知识和完成教学目标的任务，不考虑学生的主体感受。以教师为中心、以教材为中心、以学科为中心的教学观代表了忽视学生主体价值的倾向，代表了以知识技能的简单传输为目的、以控制为保障、以权力权威（教师）为中心的专制的反人文价值取向。为扭转这一局面，体育教学的一切活动都应该体现出对学生的人文关怀，以学生的发展为中心去组织教学、选取教材、制定评价标准。

2. 挖掘民族传统体育的人文教育内容

中华民族传统体育丰富多彩，融各民族特色于一身，五千年的中国历史，孕育出了优秀的传统文化，在优秀的传统文化的土壤中生长出许多的民族体育，这些流传已久的传统体育中既有健身养性的五禽戏等一系列的气功导引术，还有防身增强体魄的摔跤、散打等，也有带来娱乐精神的各种球戏和技巧，丰富生活的赛龙舟、重阳登高等，既有跑步、举重、嬉水、马术、射箭，又有冰嬉、滑雪等冬季项目。

在传统体育文化中，流传最广，影响最为深远的体育项目，武术称第二，就没有敢称第一的了。据统计，早在1986年，在全国，从武术的种类、源流、自身风格等方面统计，单拳种就达多种， 在社会形态的背景下，人们聚族而居，具有强烈的封闭性和排他性，形成了各具特色的地方拳种和流派，加之习武者个人条件、目的、动机、文化素养各异，自然表现在技术风格上也就各不相同。中华武术具有强身健体、修身养性、技击攻防、自娱娱人等特点，技术体系以踢、打、摔、拿为主，风格上有内、外家之说，南、北派之别，武当、少林之分，内容庞杂、姿态各异。

但不论其种类多丰富，在本质上，中国武术的思想源流是统一的，其受到了中国传统的儒家思想的影响，以“天人合一”作为武术的思想基础，将人与自然、人与社会、人与人之间和谐统一起来，提倡身心兼修、形神兼备。

“内练一口气，外练筋骨皮。”武术在我国盛行已久，承载着优秀的中华传统文化和价值观，体现着儒家思想，在中国各个民族中都深受喜欢，体现着中华民族的本真，如“天人合一”“克己复礼”“仁、义、礼、智、信”“孝悌为本” “尊师重道”等传统道德理念。所以，随着历史发展一直流传到今天的传统体育，不仅仅是体育本身，更多的是承载着深刻的思想和内涵，体现着中华大地的风土人情，在今天都非常有用，尤其是在儿童启蒙、传统教育、道德修养和审美情趣的培养等方面。

二、加强体育课程和设施的人文设计

在大学体育课程的教学任务中，除了体育专业的学生以外，其他非体育专业的学生在体育这门学科的课程安排上，无非是学习一些如篮球、排球、足球等的简单技能，很少有人文内容的知识传授，学校不重视这一点，学生对此也并不在意。作为指导学生步入社会之前的殿堂，大学和其所负责授课的教师们应收集现有的问题，改善教学方法，活跃课堂气氛，增强人文性的教学设计，让学生学有所得，学有所获。

1. 加强体育课程的人文化

大学体育课程的具体内容都是由各地方区域的教育部分负责编纂，这些课程为教学评估和教学监督提供参考标准。但是随着经济的发展和教育水平的提高，大学教育也在适应着时代的发展，不断进行深入的改革，以求符合时代发展的要求，满足社会的需要。改革中要注意的是学生的需求，教学方式要更加丰富，更加灵活，以便可以打造出更为丰富多彩的教学课堂。这是因为过于呆板和单一的教学设计会使体育教育陷入困境。所以，体育人文教育在课程的设计上，要发挥更多的人文性，提高学生的兴趣，激发学生的参与积极性。

2. 加强体育设施的人文化

在体育教学中，体育设施的标准通常难度较高，这对调动学生的积极性是件极为困难的事。因此，在体育人文教育的实践和改善中，将人文化的因素融于体育设施，会得到十分有益的效果。

以体育项目中的篮球为例，在大学校园中，篮球是学生们投入精力十分多的一项体育运动，很多学生对篮球也很感兴趣，但是却没有相对应的技术，尤其是一些个子矮小的学生，一些篮球技能对其来说完成度极低。对此，体育设施的建设上，就可以将篮球架调低，满足这些个子不高的学生的需求，这样不但能满足个子矮小的学生的需求，对其他的学生也降低了篮球技术的完成标准，以循序渐进的标准来设置难度，一步步提升学生的技能，这样更能激起学生对体育运动的好奇和兴趣。

三、对大学生超越自我的生活理念进行培养

1. 提高学生的社会认知能力

作为即将步入社会的一名成员，大学生需要在离开校园之前，率先了解社会，进而接触社会，融入社会。体育运动作为交往活动，有助于帮助学生认识社会，进而培养学生的竞争意识和奋斗精神。

在体育教学实践中，不同的体育项目能够更全面地锻炼学生身体的各项机能，体验不同的角色。在实践中，学生对技能的学习，对角色的体验，和队友之间的沟通合作，处理对手之间的关系，都能为日后步入社会提供丰富的经验。在这过程中，体育人文教育的作用是巨大的，不仅能够帮助学生更好地学会尊重和学会合作，而且在团队精神和集体荣辱感的精神感染上。也能够发挥更大的效果。

2. 对大学生的自信心进行培养

体育活动对学生的成长发展发挥着重要的积极作用，其存在的目的并不是为了让学生利用健全的体魄去欺压他人，也不是为了在竞技项目中费尽心思和手段来赢取胜利。尤其是在竞技体育中，胜利更是来之不易，但是不合理、不文明的获胜方式是不可取的。在体育实践和体育教育中，要避免学生产生这种心理，培养学生超越自己、实现自我能力的自信心，将人文精神传授给学生，让学生成为健康的、全面的人才。

四、开设大学体育文化选修课是渗透人文教育的可行性措施

通过开设大学体育文化选修课的方式，来构建科学的大学体育人文课

程体系，是在大学体育教学中渗透人文教育的可行性措施。这是因为：一是开设大学体育文化选修课，能够很好地弥补传统的体育教学活动中的不足，加强对大学生体育人文文化的传授，丰富大学体育的课程体系，促进大学体育课程体系的文化含量的提升，从而对大学生体育人文文化素质的提升有着积极的促进意义。二是开设大学体育文化选修课，能够提高大学体育任课教师自身的紧迫感。要想高质量地完成体育文化课的教学任务，体育任课教师必须积极地提升自身的文化水平和业务素质，因此，大学在开设了体育文化选修课之后，有助于激励任课教师不断地进行自我提升，从而更好地实现在体育教学中渗透人文教育的教学目标。但是在开设大学体育文化选修课时，为了确保选课程人文教育作用的充分发挥，应注意如下几点问题：

首先，大学体育人文课程体系是一个动态的体系，其内容会随着体育学的发展而不断地增加，因此，在开设大学体育人文选修课时，应注意全面地了解和研究目前体育学的发展情况和发展动态，并据此来制定合理的内容。

其次，要注意遵循循序渐进的原则。大学人文体育课程的内容结构的构建、实施和完善是一个复杂的、系统的工程，不仅包括课程计划、教学大纲以及教材的制定和编写，还包括体育人文课程的贯彻和落实等一系列的工作。因此，这是一个长期的任务，不可能一蹴而就，在这个过程中应注意遵循循序渐进的基本原则。

最后，应注意人文性与科学性相结合的原则。大学开设体育文化选修课的目的就是为了提高学生的人文素养，因此，在进行体育文化选修课的内容组织和安排时，一定要注意始终遵循人文性的原则，但是与此同时，为了确保所制定课程能够得到切实可行的落实，还要注意做好充分的调研工作，以确保其科学性，做好人文性与科学性的有效结合。

五、构建教师文化，提高教师综合素质

教师作为指引学生步入社会、传授专业知识的人，在社会发展中起着桥梁和纽带的作用，具有传播思想文化和培养人才的责任。在体育教学的课堂上，教师要时刻注重自己的道德修养、行为准则、个人素质等，给学生做好榜样，不给学生造成坏的影响。在学生的成长过程中，学校生活占据了生活中的大部分时间，教师作为学生学习生活中除父母外最常接触的人，其言行在潜移默化影响着学生，其作用和影响是高于书本的。因此，在体育人文教育实践中，要加强教师的文化水平，提高教师的个人素质，以便更好地推行人文教育，培养学生全面发展。

六、转变指导思想

在大学教育中，造成体育人文教育的开展无法得到预期的目标这一现象，很大一部分原因在于，“重理轻文”“重技术轻精神”的思想仍在大多数人的思维中根深蒂固。因此，体育人文教育在培养学生情绪、性格、道德理念、行为准则等方面得以顺利开展，转变其传统的教育理念是必要可行的。尤其是在传统的体育教育中，只有抛弃旧的传统理念，以人文思想为导向，才能顺利地进行人文教育的宣传，进而提升大学生的人文素质，提高人文教育的质量。

七、优化校园人文氛围

承载人文精神的不只是大学中分门别类的专业知识，还有丰富多彩的社团活动，学识渊博的教授自身所独具的人格力量，乃至大学基于历史所形成的校园建筑。例如，芝加哥大学远近闻名，其名气不仅在于其学术上的成功，还在于许多先哲与名人所留下的文化足迹。有人说："如果不计其精神的话，这些殿堂具有与普通房舍相同的许多功能，然而由于信仰之故，它们至今还是圣殿。一旦信仰消逝，先哲与圣人传播也不再成为殿堂。它会因此而走向死亡，至多成为一种纪念碑，悠闲的游客将永远不会领略它的内在生命。"对于那些发展历史较长的大学，由于特殊的历史背景，因而都有着名人故事，具有较强的人文氛围。当然，并非每一所大学都具有载入史册、流芳千古的名事名典，但大学发展过程中都有着自身的精神气质，都留下了许多学生与教师的感人事迹，有着校长不同的治校理念，在经过仔细的梳理与解读后，这些事迹都具有潜在的教育意义，从而促发学生向上的勇气与力量，形成学生高尚的道德人格。因此，无论是新建学校还是历史悠久的名校，都要加强校园人文环境建设。一方面，要进行科学的校园规划，合理布局，使教学区、生活区、体育场与校园道路错落有致，井然有序，在加大校园绿化力度的基础上，构建良好的学校生态环境；另一方面，要调动校内各个社团的积极性，发挥学生的主体性，通过学生群体、教职工群体以及他们之间的互动，丰富校园文化，形成良好的心理氛围。

八、要注意采用多样化的、科学的教学方法和教学手段

在教学过程中，有效合适的教学方法和教学手段可以更方便培养学生的人文素质。在大学体育人文教育的活动开展中，多样化、科学的教学方法和教学手段是人文教育实施的最直接和最有效的方式。学生可以通过讨论、沟通、实践以及自我领悟、自我教育、自我提升的方式，将自己的观点、立场、态度等都全面完整的表达出来，这样也更有利于教师掌握学生的想法和问题，了解教学效果，并能在此基础上提出针对性的措施和教育方法。在沟通和交流中，学生不断反省、领悟，是自我启发和自我提升的最好方式，这对人文教育的成效有非常巨大的影响。这样的教学方法和教学手段非常多，在开展大学体育教学活动的过程中，任课教师应有意识地采用类似的教学方法，如启发式教学法、探究式教学法以及发现式教学法等等，来促进人文教育在大学体育教学中的渗透。

九、对课堂教学的合理把握是渗透人文教育的有效途径

体育课堂教学是在体育教学中渗透人文教育的主要途径。在开展大学体育课堂教学的过程中，任课教师要注意通过对课堂教学的合理把握，来做好学生的人文教育工作。具体来说，要通过对大学体育课堂教学的合理把握，来实现人文教育的目的，主要应注意如下几点：

1. 注意设置合理的教学目标

要注意设置合理的教学目标，通过设置合理的教学目标，将人文教育的内容融入大学体育课堂教学的目标体系。也就是说，体育任课教师在设置大

学体育课堂教学目标时，就要注意有意识地进行人文教育的渗透。注意通过教学目标的制定和教学过程的设计来体现大学体育教学中的人文内容和人文价值。

2. 要注意把握合适的教学时机

要注意把握合适的教学时机，在开展课堂教学的过程中，及时、有效地进行人文教育的渗透。在大学体育教学中渗透人文教育的过程，并不是刻板的讲解或是讲授，而是要通过合适的教学时机的把握，将人文教育融入大学体育课堂教学之中。例如，在中国女足取得了世界杯亚军之后，任课教师在开展足球教学时，就可以在肯定中国女足的成绩，分析其成功原因的基础上，有意识地通过具体的事例让学生明白，中国女足之所以能够取得这样的成绩，是与她们的努力和汗水分不开的，通过对中国女足精神的分析，让学生受到教育和熏陶。

十、更新大学体育理念，将人文体育理念融入其中

摒弃大学体育中传统的、糟粕的理念，科学地将人文体育教育理念融入教学目标之中，这是体育人文教育在大学能够顺利开展并实践的前提。教育行为并不是凭空而来的，它的背后是由教育理念来指导。什么样的教育行为，就是由什么样的教育理念来指导的。大学人文体育理念是设定大学体育终极目标和基本路径的理论基础，是大学体育的一种状态。

在我国的大学体育理念体系中，传统的大学体育理念是物本观的，仅考虑了体育的生物功能和体育技能，是片面的、不完整的，并没有将体育的社会人文价值放在重点的位置上加以考虑。这种传统的体育理念严重地阻碍了体育教育功能的发挥，制约了学生的发展路程，使得体育的社会人文作用发

挥减弱，并没有实现其本身的价值。所以，针对这种问题，大学体育教育理念应该响应时代步伐，将人文教育的重视重新提上日程。

大学体育作为大学的一门重要学科，必须要发挥出促进学生全面发展的作用，要将塑造学生的道德观念、健康的身心作为其本职工作，将以人为本作为教育的指导思想核心，尊重教育中学生的主体地位，时刻关注学生的情感思维，将体育人文关怀落到实处。使体育成为学生关照人自身的一种方式，帮助学生巧妙地利用自己在体育这门学科上的优势，成为自己成长路上的一项助力。

大学体育教育是关注学生身体、心理和精神方面的一门学科，其教学活动关注和培养学生身体、心理和精神发展的过程。就如《奥林匹克宪章》中所说的那样，应该“将体育运动与文化和教育融为一体，建立一种使人的身、心和精神方面的各种品质均衡地结合起来，并得到提高的生活方式”。若想融入学生的生活方式，大学体育必须关注人的发展，理解人的本质。

此外，大学体育还发挥着将自然、社会和人文融为一体的作用，它是连接三者的纽带，是将三者融入大学教育实践的平台。大学体育人文教育的核心和本质精神是要发挥“健体塑心育人”，将作用发挥到极致，以促进学生在德智体美劳全方面的发展。在学生的发展上，既要肯定人的价值，也要提高学生的身体素质，在身体、心理和精神三方面都加以重视，将科学精神和人文精神融合在一起，力求通过融合科学与人文造就身心和谐、体智平衡的有主体人格的人。

十一、合理安排教育内容，构建科学的课程体系，优化课程设置

在大学体育教学中，人文教育若想融入其中，必须依靠教育实践活动而

存在，以体育运动为载体，借助教育才能避免人文教育知识基础理念的尴尬情况。作为学生步入社会之前的最后一座知识殿堂，传授给学生的应该是一种全面型的教育，在内容上应该符合全面性和完整性的标准，即在人文教育的指导下，遵循人本原则，将科学教育、人文教育和社会教育融于教学内容，将身体健康、心理健康、社会认知健康的教育内容归为一体。

在教学内容的安排上，要遵循“易、久、广”的原则，即容易学习和开展、具有长久的教育价值、能发挥出广泛的意义三原则。在教学设计中，将刻板、机械的内容减少其在课堂上出现的频率，在具体安排上要体现人本精神和人性化手段。在知识的安排上要从易到难、由浅到深。“区别‘文化’‘知识’‘能力’‘技术’等不同意义上的体育内涵，试行‘体育文化—体育知识—体育训练—运动技术’的四组合体系与系统，以大寓小，以点带面，使体格培育与人格教育能够统一起来。”这样的内容及其安排更有助于“发展学生个性，培养体育能力，形成锻炼习惯，在不轻视体育生物功能的同时，重视体育对人的社会化作用和文化传递功能”，能够“突出健康目标，强调体育不仅是锻炼身体，更重要的是让学生学会适应环境、学会生存，提高生活质量和生活品位，为终身体育打下良好基础”。

在体育课程的内容中，包含人文体育学、体育文化学、体育哲学、体育美学、体育人类学、体育社会学、体育心理学、体育英语、体育欣赏等方面。体育科学、体育人文的融合，在课程的安排上要坚持设置必修和选修相结合、课内和课外相结合、生理与心理相结合、理论与实践相结合、观赏与参与相结合、健身性与文化性相结合、娱乐性与实效性相结合、科技性和接受性相结合、民族性与世界性相结合，要将显性课程和隐性课程有机地结合起来。在体育课程的安排上，遵循“易久广”的原则，兼顾个性化和多样化。在体育设施和体育课程上都注重人文化，注重学生的个人兴趣爱好、个人需求、能力、特点等方面，让其自主选择感兴趣的体育项目进行学习，发挥学生学习的自主性和能动性。同时，多样化的课程设置，能够保证学生在身体和心理两方面的发展都能达到健康、全面发展的总体要求。在具体操作上，学校要参考学生的兴趣爱好和学校制定的教学计划和教学要求，针对不同能力的学生开设不同等级的班级，以初级和提高为分水岭，做到让不同能力的学生都能学习到知识。设立选修和必修，针对不同喜好的学生，让课程灵活自由，更适合不同能力、不同水平和层次的学生发展，满足学生在发展中的需要。

十二、积极构建和运用人本观的人文体育教育教学方法

大学体育人文教育想要在大学中成功实施，最重要的就是要将人本教育落实到大学教育中的方方面面，要建立以教师为主导、学生为主体的教育体系。在教学课堂中，教师与学生之间的教学活动，不能是强制的灌输知识，教师要发挥指导作用，引导学生理解知识，给予学生尊重，将学生当作教学活动的中心，从课程和项目的选择再到具体要如何开展，都要尊重学生的意见，要让学生参与其中，更加地符合学生的发展。

将人文教育落到实处，让教学理念融入人本观，需要教师和学生之间有更多的沟通和互动，建立彼此之间的和谐的师生关系和稳定的教学关系。根据具体教育教学内容以及学生的性格和本身发展特点，对学生因材施教，逐步向学生传授知识。

详细地说，大学体育人文教育的开展与实施需要将学生作为主体，以其为切入点，设计教学活动，组织教学实践，将个别学生和集体都能够囊括其

中，不但考虑了全体学生，也注意到个别学生的水平。此外要运用多种教学模式和教学方法，将其综合起来，发挥二者的共性，将娱乐体育、快乐体育、成功体育、休闲体育等结合起来。

在教学方法上，体育人文教育要重视其统一性和灵活性，既强调个性也要强调多样。在整个教育教学活动的安排上，要注重活动的性质，要平衡体育自身具有的竞技性和娱乐性，在活动中有效调节活动的紧张度和放松度，运用有趣、灵活的体育教学方式，丰富课堂环境。比如说可以在教学活动中增添游戏或者知识竞赛等方式，提高教学环境的氛围，避免教学环境枯燥、压抑，教学方式单一、无趣。

除此之外，要重视现代化教学媒体的运用，充分利用科技带给我们的便利，将传统和科技结合、有声和无声结合、有像与无像结合，使抽象的概念外化、物化，减轻学生认知上的难度，有效地激发学生的体育兴趣。

十三、优化体育组织和运行机制，完善体育监控与评价

人文教育作为大学教育体系中的一部分，在诸多的教育学科内都有涉及，其主要的承接者是大学内的教师和学生、学校内的班级和社团等。人文教育的推广和实施必须要有一定的组织形式在实践活动中得到落实才能顺利发挥出其本质作用，即人文教育“要通过各种形式的体育活动，激发全体学生的参与热情，使学生感受体育所带来的乐趣，欣赏体育运动中力与美的角逐、智慧的较量，体验体育过程中的成功与失败、团结与奋进”，帮助学生将体育运动作为一种生活习惯，将体育融入自己的生活，进而发挥体育的功能作用，促进学生的全面发展。

在实践中，体育人文教育能够顺利运行的标准是必须拥有健全的运行

机制、系统的活动组织形式，只有二者兼而有之，才能顺利发挥体育人文的功能。所以，在体育实践活动中，体育活动的开展不是体育院系和体育相关社团单独的责任，而是要全校参与，需要“确立以体育系部为主导的，学校各院系所轮流承办的，各学生社团协办的，全体学生和教师广泛参与的各种体育活动的运行机制”。在体育活动组织中，学校各组织要支持在校园内开展的各项体育活动，在场地和体育器械的提供上作为体育活动组织的坚实后盾，给予大力支持，同时，在管理和指导上，也要加强力度。除此之外，在体育活动的组织和开展中，要牢记活动的主题，不能脱离主题，要建立完善的选拔制度，争取满足全体学生的需要和兴趣，稳定体育的地位。在大学体育人文教育实践中，保障机制不得不说监控与评价，这是大学体育人文教育最重要的保障机制，在体育实践中发挥着导向和约束的作用。在体育这门学科中，每个人的潜质都是不一样的，此外又受到后天的成长环境、教育环境、身体素质和个性发展等方面的影响和左右，每个人在体育上的发展和最终贡献都是不一样的。所以，大学体育人文教育在实践中，要重提“以人为本”，将“人”作为体育教育的重点和主体，在体育评价上，要发挥公正、公平、公开、客观、全面的特点，根据不同学生的不同水平定制相应的评价标准，建构评价体系。

最重要的是，要想改变传统体育以成绩作为评价标准的规则，必须要建立新的评价体育规则，将以突出学生能力培养的人文考评体系作为新的评价标准，在评价内容、评价方式、评价形式等方面突出学生能力的评价。在具体实践中，评价内容上可以增加体育技术技能的考核，增加体育人文、运动保健以及竞赛欣赏、简单健身方法与手段创新能力的考核。除此之外，改变传统的体育评价体系还要避免陷入传统评价体系中过分强调的定量评价与达标评价，在新建立的评价体系中，要将定量评价与达标评价综合考虑，将绝对评价与相对评价、终结性评价与过程性评价相结合。最后在评价形式的改革上，将学生自我评价和教师评价结合起来，实现评价方法上的科学性和人文性的统一。与此相应，人文体育教育教学的监控也要走出常态的范式，决不要因活动论活动、因技能而论技能，监控要维护教师教学和保护学生学习的合法性及自主能动性，监控的主体是人(教师与学生)，监控的目的是服务（即服务于老师更好地教和学生更好地学）。同时，要注意摒弃监控即管理的理念，防止和消除监控蜕变为对师生体育自主权和主动性的限制及其对人文体育的消极影响。

参考文献

〔1〕蒋波 . 大学体育人文精神塑造——基于身体美学视角研究 [M]. 北京: 人民出版社，2015.

〔2〕张丽蓉、董柔、童舟 . 人文精神视阈下高校体育教学模式的理论构建 [M]. 北京：中国纺织出版社，2019.

〔3〕侯丽君 . 大学人文教育现状与对策研究 [M]. 重庆：西南师范大学，2004.

〔4〕陈磊 . 论体育与政治的关系 [M]. 西安：西北工业大学，2006.

〔5〕薛原 . 高校体育教育中实施人文教育的调查研究 [M]. 上海：华东师范大学，2006.

〔6〕袁雷 . 论体育对政治发展的价值 [M]. 吉林：吉林大学，2009.

〔7〕苑迎文 . 网球运动的体育社会功能研究 [M]. 吉林：吉林大学，2010.

〔8〕卢欢 . 高校体育教学中融入人文精神的理论研究 [M]. 长春：东北师范大学，2010.

〔9〕尹小兰 . 改革开放以来我国大学体育课程政策研究 [M]. 湖南：湖南师范大学，2012.

〔10〕覃刚 . 近代以来中国学校体育教育人文向度的失落与重构 [M]. 湖北：华中师范大学，2013.

〔11〕徐伟 . 大学体育人文教育理论与实践研究 [M]. 北京：北京体育大学，2013.

〔12〕石飞鹏 . 影响广东高校体育专业学生人文素质的因素分析与对策 [M]. 广西：广西师范学院，2013.

〔13〕王娜 . 河北省高校体育专业学生人文素养的研究 [M]. 河北：河北师范大学，2016.

〔14〕熊斗寅 . 试论体育运动的功能和作用 [J]. 体育与科学，1992.

〔15〕马巍然 . 论军队体育和军事体育的概念及其相互关系 [J]. 中国体育科技，1994.

〔16〕刘铁芳 . 古典人文教育——教育的总想与现代教育的反思（上）[J]. 教育理论与实践，1998.

〔17〕时伟、薛天祥 . 论人文精神与人教育 [J]. 高等教育研究，2003.

〔18〕方叶仁 . 浅析人文教育在大学教育中的地位 [J]. 上海青年管理干部学院学报，2006.

〔19〕陈贯昊 . 试论体育的健身功能 [J]. 科技信息，2007.

〔20〕冯海峰、刘志刚 . 我国高校人文体育及其实践 [J]. 体育与科学，2010.

〔21〕李敏、张彪 . 浅析人教育 [J]. 生物技术世界，2013.

〔22〕姚建明、向渝 . 大学体育人文教育理论与实践研究 [J]. 体育世界，2014.

〔23〕高国文 . 建构大学体育人文教育理论与实践 [J]. 长春工业大学学

报，2014.

〔24〕李丹 . 浅析人文教育在高校体育教学中渗透的有效途径 [J]. 科教文汇，2014.

〔25〕王霏 . 大学体育人文教育理论及实践分析 [J]. 才智，2015.

〔26〕崔柏青、张贵林、杜雪 . 大学体育人文教育理论与实践研究 [J]. 管理观察，2015.

〔27〕吴慧 . 浅析人文教育在现代高校教育中的发展 [J]. 中国成人教育，2016.

〔28〕申明玉 . 大学体育教育改革与人文素质培养探讨 [J]. 体育世界，2016.

〔29〕王萍、曹云华 . 体育教学中人文教育的重要性探究 [J]. 学校体育教育，2016.

〔30〕张威、张丽贤 . 大学体育人文教育理论与实践研究 [J]. 才智，2016.